행복한 공학자의
시크릿 발명 노트

주니어를 위한
ETRI_easy IT

행복한 공학자의
시크릿 발명 노트

초판 1쇄 인쇄 | 2018년 1월 29일
초판 1쇄 발행 | 2018년 2월 5일
글 | 권은옥 외 ETRI 연구원 4인
펴낸이 | 장한맘
펴낸곳 | 콘텐츠하다
출판등록 제 2015-000005호
주소 | 서울시 영등포구 선유로49길 23, 613호
전화 | 070-8987-2949
팩스 | 02-6944-9125
홈페이지 | www.contentsHADA.com
이메일 | conhada@naver.com
책임총괄 | 이순석, 정길호
값 | 12,000원

※ 잘못된 책은 구입한 곳에서 바꾸어 드립니다.
※ 본 책의 내용에 대한 무단 전재 및 복제를 금합니다.

주니어를 위한
ETRI_easy IT

행복한 공학자의

시크릿 발명노트

글 ◆ 권은옥 외 ETRI 연구원 4인

콘텐츠하다

추천의 글

여러분을 발명가로 이끌어 줄
'시크릿 발명 노트'를 소개합니다.

세상의 주인은 바로 상상하는 사람들이라고 할 수 있습니다.
우리가 접하는 문명은 전부 상상력을 먹고 사는 발명가들의 것이라고 해도 지나치지 않을 거예요. 137억 년 전 빅뱅이 일어나고, 45억 년 전 지구라는 행성이 탄생했어요. 38만 년 전 지구에 생명체가 탄생하며 완성된 하늘, 땅, 바다, 바람, 생명체 등의 자연을 제외한 지구 위에 모든 것은 발명가들이 생각해 낸 것들입니다. 과학자는 발명가에게 상상할 수 있는 재료를 제공하고, 공학자는 발명가의 상상을 실제로 만들어 내는 사람들입니다.

누구나 발명가가 될 수 있지만, 또 아무나 될 수는 없습니다.
발명가는 어떤 사람일까요? 우리와 어떻게 다를까요?
발명가는 일반인이 진짜 원하는 것이 무엇인가를 알아채는 능력이 뛰어납니다. 얼굴의 표정을 놓고도 좋아하고 싫어하는 감정을 읽어 내고, 몸짓 하나에서도 불편한지 편한지를 눈치채고, 목소리 하나에서도 관심이 있는지 없는지를 느끼는 예민함이 있습니다.

발명가들은 늘 마음이 열려 있는 따뜻한 사람입니다.
발명가들은 감각으로 느낄 수 있는 모든 것에 열려 있습니다. 대상을 넓은 마음으로 모두 받아들입니다. 모든 것에 좋고 싫음이라는 딱지를 함부로 붙이지 않습니다. 그렇게 바깥의 자극을 고스란히 받아들인 뒤, 잘 훈련된 다양한 지식과 경험을 바탕으로 미세한 감각의 차이를 알아차립니다.
발명가는 항상 '왜?'와 함께 사는 창의적인 사람입니다.
발명가들은 '왜, 저렇게 사용하지?', '왜 저렇게 있지?' 등의 질문을 던지며, 스스로 그 이유를 끈기 있게 찾아갑니다. 이유를 찾아내면, 문제를 해결하는 상상력을 발휘합니다.

세상의 주인은 상상하는 사람들이라고 할 수 있습니다. 공부만 열심히 해서 남들이 시키는 일을 잘하는 사람들은 세상의 주인이 될 수 없습니다. 세상을 위하는 따뜻하고 열린 마음으로, 풍부한 지식과 경험을 갖추고 예민한 감각과 창의력을 발휘하는 훈련이 필요합니다. ETRI에서 미래의 주인공들을 위해서 《행복한 공학자의 시크릿 발명 노트》를 펴냈습니다. 우리 미래의 주인공들이 참다운 주인공이 될 수 있는 길을 알려 주는 비법이 될 것이라 확신하며 적극적으로 추천합니다.

ETRI 커뮤니케이션전략부장 **이 순 석**

머리말

행복의 씨앗을 뿌릴
꼬마 발명가들의 탄생을 기대하며

발명왕은 참 달콤한 말입니다.
세계의 부자 순위에 오른 발명왕들은 사람들의 부러움을 한 몸에 받아요. 이런 영향 때문인지 여러 나라에서는 돈을 쓰는 소비자가 아니라 돈을 버는 생산자를 키우려는 열풍이 불고 있어요. 어릴 때부터 무엇이든 만들 수 있는 인재를 키우기 위한 메이커 교육 열풍이 그 사례죠. 우리나라도 마찬가지랍니다.

하지만 수익을 많이 내거나 앞선 기술을 개발하는 것만이 최고는 아니에요. 기술에는 개발자의 철학과 신념이 담겨 있어요. 최근에 이런 논란이 있었답니다. '로봇을 발로 차는 행위는 로봇 학대인가, 아닌가?'
상상해 보세요. 실제 강아지는 아니지만 강아지 역할을 기대하며 집에 들여놓은 강아지 로봇을 여러분이라면 함부로 찰 수 있을까요?
답은 정해져 있지 않습니다. 다만 이것은 주변 모든 것에 가치를 붙이는 인간이기에 가능한 고민이 아닐까요? 발명을 할 때는 끊임없이 고민이 뒤따른답니다.

공학자들 중에는 큰 수익을 내는 기술보다 착한 기술 개발에 힘쓰는 따뜻한 사람들이 있어요. 일명 차가운 머리(지성)와 뜨거운 가슴(열정)을 지닌 사람들이죠.
이곳 ETRI(한국전자통신연구원)에도 '사회적 약자를 돕기 위한 모임'이 있어요. 모임을 만든 연구원들은 바쁜 시간을 쪼개어 누군가를 돕기 위한 발명 아이디어를 내고, 의견을 교환하고, 용감하게 도전하고 있죠. 마음과 달리 발명의 과정이 더뎌 지칠 법도 하지만 그들의 얼굴에서 행복한 기운을 발견하기란 어렵지 않은 일이죠. 그래서 행복한 공학자들에게 영감을 받은 저는 "행복을 주는 발명"을 주제로 글을 쓰기 위해 펜을 들었습니다. 책 속 인물인 행복한 공학자 E 박사는 ETRI의 연구원들을 모델로 만든 캐릭터예요.

또한 이 책에는 '시크릿 발명 노트'라는 마법 노트가 등장합니다. 이 노트는 여러분에게 발명에 대한 지식을 주는 것은 물론, 판타지를 통해 흥미로운 발명의 세계를 보여 줄 거예요.
발명은 누구나 할 수 있습니다. 책 속에 등장하는 희망이와 친구들과 함께 발명에 대해 차근차근 배우며 발명왕의 꿈에 다가가도록 응원할게요.
'어떤' 발명을 '왜' 하고 싶은지 여러분만의 목표를 찾아 보세요. 그리고 세상에 행복의 씨앗을 뿌리는 공학자가 되기를 바랍니다. 자신만의 꿈을 꾸는 어린이라면 선물같이 찾아올 시크릿 발명 노트의 주인이 될 수 있을 거예요.

권은옥

차 례

추천의 글
여러분을 발명가로 이끌어 줄 '시크릿 발명 노트'를 소개합니다 • 4

머리말
행복의 씨앗을 뿌릴 꼬마 발명가들의 탄생을 기대하며 • 6

1장 발명 숙제가 생겼어요
희망이는 '왜'가 어렵대 • 12
스핑크스의 수수께끼 • 17

2장 행복한 공학자가 들려주는 발명 이야기
행복한 공학자 E의 시크릿 발명 노트 • 26
발명이란? • 32
세상을 바꾼 발명 • 36
세상을 어둡게 한 발명 • 42
발명가와 공학자 • 48
위대한 발명을 남긴 위인들과의 만남 • 53
행복한 공학자 E의 발명 세계 • 65

3장 발명 동아리 친구들과 발명 비법을 배워요
발명 동아리 '미소'의 친구들 • 76
숨은 발명 아이디어를 찾아라! • 82

4장 발명, 실패해도 괜찮아요
미소 동아리의 첫 발명 도전 • 92
실패는 성공의 어머니 • 98
외로운 자몽이를 돕고 싶어 • 102

5장 발명의 5단계를 익히고 특허에 도전해 볼까요?
도전, '화상 전화기가 달린 사료 기계' 만들기 • 106
미소 동아리, 발명품 경진 대회에 출품하다 • 120
특허를 등록해 볼까? • 127
시크릿 발명 노트를 선물받다 • 131

부록
1. 인터뷰-사회적 약자를 위한 발명 모임을 소개합니다! • 136
2. 발명왕들의 비밀을 훔친 방법, 트리즈(TRIZ) 소개 • 139

1장

발명 숙제가 생겼어요

행복한 공학자의

시크릿 발명 노트

희망이는 '왜?'가 어렵대

"얘들아 들었어? 어린이 과학 퀴즈왕 쇼가 우리 학교에 온대."
"오호, 정말이야?"
"과연 우리 학교 퀴즈왕은 누가 될까?"
희망이는 반 친구들의 이야기에 귀를 기울였다. 방송국에서 열리는 과학 퀴즈 대회 결승전에 나갈 학생을 찾기 위해 희망이네 학교에 온다는 이야기였다. 참가를 원하는 학생은 선생님에게 신청서를 내라고 했다. 과학도 좋아하고, 퀴즈도 좋아하는 희망이는 자신 있게 신청서를 냈다.
얼마 뒤. 대강당에서 예선전이 열렸다. 참가한 학생은 희망이 말고도 4명이 더 있었다. 바로 안해용, 구세라, 궁구미, 안나였다. 모두 희망이와는 다른 반이어서 그렇게 친하지는 않았다.
무대에 선 사회자가 퀴즈를 내기 시작했다.

"조선 시대에 해시계를 발명한 인물은 누구일까요?"

희망이가 가장 먼저 부저를 눌렀다.

"장영실입니다."

"네, 정답입니다. 자, 다음 문제 나갑니다. 최초의 전자식 컴퓨터는 무엇일까요?"

문제가 나가자마자 부저가 울렸다. 이번에도 희망이가 빨랐다.

"애니악입니다."

희망이는 문제를 척척 맞히며 선두를 달리기 시작했다. 다른 친구들도 희망이와의 점수 차이를 바짝 좁혀 갔다. 대강당에는 팽팽한 긴장감이 감돌았다. 곧 사회자가 마지막 문제를 냈다.

"컴퓨터가 사람처럼 뛰어난 지능으로 공부를 하고, 문제도 처리하는 것을 무엇이라고 할까요?"

"인공지능입니다."

이번에도 희망이었다. 마침내 희망이가 1등을 차지했다. 신이 난 희망이는 친구들에게 자랑하기 위해 뛰어갔다.

그런데 이상했다. 친구들은 희망이가 아닌 아영이에게 몰려들었다. 아영이는 평소 희망이가 경쟁자로 생각하는 친구였다. 둘은 전교 1, 2등을 다툴 정도로 성적이 비슷했다. 그리고 과학 기술을 좋아한다는 공통점도 있었다.

"무슨 일이야?"

"아영이가 이번 발명품 경진 대회에서 우승했대."

그때 아영이가 희망이를 향해 손을 흔들었다. 희망이가 다가오자 아영이는 어깨를 으쓱거리며 무언가를 내밀었다.

"글씨를 써 주는 미니 로봇이야. 주인이 손을 다치거나 손을 쓰기 불편할 때 필기를 도와주는 로봇이지."

아영이가 손바닥 크기의 로봇을 종이 위에 올려놓았다. 마이크가 달린 로봇은 아영이의 말을 듣고는 종이 위에 그대로 글씨로 옮겨 적었다. 반 친구들은 아영이의 발명품을 만지며 신기해했다.

이를 지켜보던 희망이는 질투가 났다.

"어디서 배운 거야? 잘 따라했네."

"따라한 게 아니야. 내가 만들었어."

아영이는 이것을 만들기 위해 지난 몇 달 동안 주말에도 놀지 않았다며 고생담을 늘어놓았다.

"네가 발명에 관심이 있는 줄은 몰랐는데."

"몰랐구나? 그동안 상도 많이 받았는걸. 내 특별히 너한테만 우승의 비법을 알려 주지."

아영이는 비밀 이야기를 하듯 목소리를 낮춰 속삭였다.

"이번 발명품 경진 대회의 문구는 '발명은 행복을 나눠 주는 것'이었어. 난 행복을 나눠 주는 발명이 뭘까 엄청 고민을 했거든. 그 노력 덕분에 좋은 점수를 얻은 것 같아. 너도 혹시 나갈 거라면 대회마다 중요하게 여기는 게 있으니 그걸 잘 찾아보렴."
갑자기 승부욕이 발동했는지 희망이는 넌지시 자랑을 늘어놓기 시작했다.
"아는지 모르겠지만 난 오늘 과학 퀴즈왕 쇼 예선전에서 1등한 몸이야. 결승에서도 당근 1등 아니겠어?"
아영이가 아리송한 표정을 지었다.
"음. 내가 생각하기에는 퀴즈 대회에서는 서로 얼마나 지식이 많은지를 겨루는 거잖아. 근데 발명품 경진 대회는 지식만 있어서는 안 되거든. 그 지식에 창의성을 더해서 새로운 걸 만들어 내야 하지. 어때, 발명이 더 끌리지 않니?"
아영이의 말에 희망이 얼굴이 붉어졌다.
"발명품?! 그런 건 누구라도 금방 만들 수 있는 거 아니니?"
희망이가 퉁명스럽게 대꾸했다.
며칠 뒤 담임 선생님이 몇 달 뒤에 열릴 계획인 발명품 경진 대회를 소개했다.
희망이는 그 소식을 듣자마자 관심이 있다며 손을 번쩍 들었다. 아영이가 놀란 눈으로 희망이를 바라보았다.

*

집에 돌아온 희망이는 공책을 펼치고 연필을 들었다. 하지만 머릿속이 하얗게 변해 한 글자도 쓰지 못했다.

사실 희망이는 무엇을 외우는 데에는 아주 강했다. 하지만 '왜'라는 질문 앞에만 서면 머릿속이 하얘졌다. 발명이라고 하면 무엇을 어떻게 만들어야 할지, 또 그것을 왜 만들고 싶은지에 대한 답이 있어야 하는데 그 어떤 답도 내리지 못했다. 희망이는 아영이 앞에서 큰소리친 일이 벌써부터 후회가 되었다.

그때 갑자기 초인종 소리가 요란스럽게 울렸다.

스핑크스의 수수께끼

대문을 여니 카메라와 조명을 든 사람들이 서 있었다.
"안녕, 네가 예선전에서 1등한 희망이지? 먼저 축하부터!"
방송국에서 온 피디 아저씨가 싱글벙글 웃으며 희망이에게 악수를 청했다. 피디 아저씨 뒤로 거대한 피라미드 모형이 보였다. 어찌나 큰지 마당을 가득 채운 모습에 희망이의 입이 떡 벌어졌다.
"허걱. 근데 이게 뭐예요?"
"아. 놀랐지? 우리 방송국은 과학 퀴즈왕 쇼 예선전 우승자들에게 선물을 주고 있거든. 바로 IT 회사인 이티에서 협찬한 거야."
이티는 희망이도 잘 아는 회사였다. 통신 분야를 연구하는 연구소와 수많은 IT 제품을 생산하는 공장을 가진 큰 기업이다. 희망이네 가족은 물론 친구들 집에도 이 회사에서 나온 IT 제품이 없는 집이 없을 정도였다.

희망이는 무엇보다 선물을 준다는 말에 신이 나서 물었다.

"이거, 저에게 주신다고요?"

"아, 물론이지. 그전에 스핑크스의 수수께끼를 맞혀야 해."

"스핑크스의 수수께끼요?! 스핑크스는 어디 있나요?"

희망이는 사람의 얼굴과 사자의 몸을 한 스핑크스가 피라미드를 지키는 사진을 본 적이 있었다. 그런데 마당에 있는 피라미드 앞에는 아무것도 없었다.

"이 안경을 쓰면 보일 거야."

피디 아저씨는 고글 같은 안경을 건넸다. 희망이가 안경을 쓰자 진짜 피라미드 앞에 스핑크스가 나타나는 것이 아닌가?

"진짜 세계에 가상의 영상이 합쳐져서 만들어지는 '증강 현실 기술'*이란다."

"아 증강 현실, 저도 들어 본 적 있어요."

"역시 예선전 우승자답구나."

피디 아저씨는 희망이를 흐뭇하게 바라보았다.

"스핑크스가 내는 수수께끼도 잘 맞힐 수 있겠지?"

피디 아저씨의 말이 끝나자마자 안경에서 목소리가 흘러나왔다.

---

* 증강 현실 기술_ 사람들이 보는 현실 세계에 3차원의 가상 물체를 띄워서 보여 주는 기술을 말한다.

희망이는 그 목소리에 집중했다. 스핑크스는 세 가지 힌트를 주었다.

> **1** 이것은 아직까지 없던 기술이나 물건을 창조하는 행위예요.
> **2** 이것은 에디슨과 장영실의 공통점이죠.
> **3** 이것을 한 사람에게 일정 기간 동안 권리를 보호해 주기 위해 마련된 장치가 특허예요.

"자, 정답은 무엇일까요?"
잠시 고민을 하던 희망이는 이내 외쳤다.
"정답은, 발명입니다."
딩동댕! 정답을 알리는 경쾌한 음악이 피라미드에서 흘러나왔다. 희망이는 선물을 기대하며 피라미드의 문을 뚫어져라 바라보았다. 그런데 다 끝난 줄 알았는데 스핑크스가 다시 말을 걸어왔다.
"희망이가 생각하는 뛰어난 발명은 무엇인가요?"
"네?!"
희망이는 당황스러웠다. 뛰어난 발명이라니. 한 번도 생각해 본 적이 없는 질문이었다. 그래도 이 질문을 통과해야만 선물을 받을 수 있을 것이다. 희망이는 더듬거리며 대답을 이어갔다.
"음, 그게 발명은 최초로 만든 것이라고도 하고……, 뛰어난 발명은 누구나 아는 유명한 물건이거나, 아니면 부자로 만들어 주는 발명품이기도 하겠고……, 그러니까 그게…….”
늘 정답을 똑부러지게 말하던 희망이가 갑자기 횡설수설하기 시작했다. 그러자 스핑크스가 다시 물었다.
“다른 사람의 의견이 아닌 희망이의 의견을 말해 보세요. 자, 희망이가 생각하는 뛰어난 발명이란 무엇인가요?”
희망이는 초조해졌다. 이러다 선물도 못 받게 되는 건 아닌가 싶어 얼굴이 점점 굳어졌다. 그때 아영이가 했던 말이 떠올랐다.
“그러니까 제가 생각하는 뛰어난 발명은 행복을 나눠 주는 거라고 생각해요!”
“왜 그렇게 생각하지요?”
희망이의 말이 끝나자마자 스핑크스는 다시 물었다. '왜'라는 질문 앞에 희망이는 다시 우물쭈물했다.
“그게 말이죠. 왜 그렇게 생각하냐면…… 행복은 좋은 거고…… 그걸 나누는 일은 더 좋은 일이 아닐까 생각해요. 내 친구가 나간 발명품 경진 대회에서도 그렇게 말했다고 하고……. 휴우…….”
희망이는 간신히 대답을 이어가느라 진땀이 날 지경이었다. 그때였다. 갑자기 피라미드의 문이 벌컥 열리는 것이었다. 그 안에서 별 모양으로 된 노란색 안경을 쓴 여자 어른이 걸어 나왔다. 희망이는 깜짝 놀란 나머지 뒤로 나자빠질 뻔했다.

"누…… 누구세요?"

"안녕. 나는 이티의 창립자란다. 사람들은 날 행복한 공학자 E라고 부르기도 하지."

희망이는 더더욱 놀랐다. 지금 눈앞에 갑자기 나타난 사람이 그 유명한 IT 회사를 세운 창립자라니. 이게 꿈인가 싶었다.

"웬일로 박사님이 피라미드 밖에까지 나오셨어요?"

피디 아저씨가 고개를 갸웃하며 물었다.

"박사님이 피라미드 밖에 나온 적이 없으신가요?"

궁금해진 희망이가 얼른 물었다.

"응. 박사님은 지금까지 피라미드 안에서 아이들을 지켜보며 수수께끼를 내셨어. 스핑크스의 목소리로 말이야. 이런 적은 처음이시라……."

피디 아저씨가 어리둥절한 표정이 되었다.

"그렇죠. 내가 이렇게 나오면 안 되는 건데. 하지만 내가 문을 연 이유는 희망이의 대답이 맘에 들어서는 아니에요."

그러더니 E 박사는 몸을 낮춰 희망이와 눈을 맞추었다. 그러고는 다정한 얼굴로 희망이를 바라보았다.

"너의 대답을 듣고 있자니 내 어린 시절이 떠오르더구나. 실은 나도 너처럼 '왜'라는 질문을 어려워했거든."

그러면서 E 박사는 누구보다 외우는 것에는 자신 있었지만 '왜'에

대해서는 깊이 고민하지 않았던 자신의 어린 시절이 떠올랐다고 했다. 그녀는 희망이를 보며 흐뭇하게 미소를 지었다.

"참. 네 친구가 참가한 발명품 경진 대회는 우리 회사가 주관한 거야. ET의 창립 목적이 바로 '행복을 나눠 주는 발명'이거든."

희망이는 자신의 생각이 아닌 친구에게 들은 이야기를 그저 앵무새처럼 따라 한 것이 무척 부끄러워졌다. 그러던 중 갑자기 신나는 음악이 울려 퍼지면서 사람들이 스핑크스 안에서 최신형 장난감들을 가지고 나왔다. 희망이의 눈이 반짝반짝 빛났다.

"박사님, 혹시 이게 다 제 선물인가요?"

희망이가 장난감을 안으려 하자 박사가 불쑥 물었다.

"희망아, 너 마시멜로 테스트라고 들어 봤니?"

"마시멜로 테스트요? 그게 뭔데요?"

"달콤한 마시멜로를 앞에 놓고 기다리라는 미션을 주는 거야. 만약 그것을 먹지 않고 기다리면 하나를 더 받을 수 있지."

"네. 근데 지금 왜 그 이야기를……?"

"실은 나는 행복을 나눠 주면서 오히려 더 큰 행복을 느끼는 공학자가 꿈인 어린이를 찾고 있거든. 어때? 내가 제시하는 미션을 통과해 더 큰 선물을 받을 수 있다면 너도 한번 도전해 보겠니?"

"네, 저도 도전해 보고 싶어요."

"단, 조건이 있어. 미션에 실패하면 선물도 없는 거다."

박사의 대답에 희망이의 눈빛이 흔들리기 시작했다.

"지금 당장 눈앞에 있는 선물을 받을래? 아니면 실패할 수도 있지만 미션에 응하고 더 큰 선물을 받을래? 그건 네가 선택하렴."

"음……. 어떤 미션인지 알려 줄 수 있나요?"

"발명이 하고 싶다고 했지? 진짜 하고 싶은 발명을 네 스스로 깨달으면 통과하는 거란다."

"발명을 하는 게 아니라 하고 싶은 발명이 무언지 깨달으면 된다고요? 그럼 너무 쉬운 거 아닌가요?"

"글쎄. 무엇이 더 어려울지는 두고 봐야 알겠지."

희망이는 망설이다가 비장한 표정으로 입을 열었다.

"더 큰 선물을 기다릴래요."

E 박사는 흐뭇하게 웃으며 희망이를 작업실로 초대했다.

2장

행복한 공학자가 들려주는
발명 이야기

행복한 공학자의

시크릿 발명 노트

행복한 공학자 E의 시크릿 발명 노트

E 박사의 작업실에 도착한 희망이는 입을 다물지 못했다. 벽 한 면을 차지한 커다란 컴퓨터, 웃는 표정을 짓는 로봇, 수족관 위의 자전거, 프로펠러가 달린 자동차 등 그야말로 눈이 돌아갈 만큼 신기한 물건들로 가득했다.
"우와, 여긴 마치 마법 창고 같아요!"
"그렇게 놀랄 것 없어. 이건 시작일 뿐이니까."
E 박사는 위층으로 희망이를 데려갔다. 방 앞에는 '새로운 생각의 방'이라고 푯말이 붙어 있었다.
방 안은 정말 신비로웠다. 천장은 투명한 유리창으로 되어 있는데 그곳에는 물이 가득 차 있었다. 희망이의 머리 위로 물고기가 헤엄쳤다. 뿐만이 아니었다. 바닥도 투명한 유리로 되어 있는데 그곳으로는 하늘과 구름이 그대로 보였다. 발밑의 구름을 본 희망이는 감탄했다.

"하늘과 바다를 거꾸로 보는 방이야. 중력을 거스르도록 설계했단다."

"우와! 신기해요. 그런데 박사님은 왜 이런 방을 만드셨어요?"

"새로운 생각을 하려고. 발명을 해 보면 알겠지만 멈추지 않고 생각의 변화를 주는 게 필요하거든."

E 박사의 말에 희망이는 기가 죽은 표정으로 말했다.

"어차피 발명은 천재들이나 할 수 있는 거 아닌가요?"

E 박사는 크게 웃었다. 그녀는 따뜻한 표정으로 희망이의 어깨를 잡았다.

"발명은 천재가 아닌 누구나 할 수 있단다 희망아."

"누구나 할 수 있다고요?"

"그래. 지금 것보다 더 나은 것을 만들겠다는 의지가 있다면 너도 할 수 있어."

"저…… 저도요?"

"그럼. 현재의 상황에서 무엇이 부족하고, 거기에 어떤 것이 필요할지 끊임없이 고민하는 사람이라면 누구나 발명을 할 수 있다고 생각해."

E 박사의 말에 희망이는 가슴이 두근거렸다. 어렵게만 느꼈던 발명을 할 수 있다는 자신감이 불쑥 샘솟았다.

"내 보물 궁금하지 않니? 너에게만 특별히 보여 줄게."

그렇게 말한 E 박사가 책상 서랍에서 고풍스러운 노트를 꺼냈다.

보라색 표지에는 '시크릿 발명 노트'라는 금빛 글씨가 선명하게 쓰여 있었다.

"시크릿 발명 노트?"

E 박사는 한눈에도 오래돼 보이는 노트를 연신 어루만졌다.

"미션을 통과하면 받을 수 있다는 선물이 바로 이거란다."

"이 낡은 노트가 큰 선물이라고요?!"

희망이가 실망하자 E 박사는 웃으며 말을 이었다.

"이건 그냥 노트가 아니란다. 몇 백 년의 발명 역사가 이 한 권에

다 담겨 있지. 이건 정말 비밀인데 너에게만 특별히 말해 줄게. 희망아! 이 노트는 노트의 주인이 보고 싶어 하는 것을 보여 준단다. 필요하다면 시공간 여행을 보내 주기도 하지."

그 이야기에 너무 놀란 나머지 희망이가 입을 다물지 못했다.

"박사님, 믿을 수가 없어요. 대체 이 노트가 뭔데요?"

"한번 보렴. 처음에는 평범한 노트였지만 이름 없는 여러 공학자들의 손을 거치면서 차근차근 채워져 갔단다. 발명에 성공하고 싶다는 그들의 바람이 담겨

비밀스러운 발명 노트가 탄생한 거지. 오랜 세월을 거쳐 전 세계를 옮겨 다니면서 꿈을 가진 어린 발명가의 곁에서 힘을 불어넣어 주었단다."

"박사님, 믿을 수가 없어요. 거짓말 같아요."

"하하, 네가 그렇게 반응하는 것도 당연해. 하지만 내가 증인이야. 나도 어렸을 때 이 시크릿 발명 노트의 도움을 받았으니까."

E 박사가 장난스러운 웃음을 지우고 진지한 눈빛으로 말했다.

만약 이 시크릿 발명 노트를 손에 넣는다면? 어쩌면 영원히 일 등을 놓치지 않겠구나 싶어 마음속에서 욕심이 일어났다.

"미션을 통과하면 이 노트를 저한테 주시는 건가요?"

"내가 주는 것이 아니라, 바로 시크릿 발명 노트가 주인을 선택한단다."

노트가 주인을 선택한다니 이게 무슨 말인가.

"이 노트가 네 가능성을 볼 거야. 사실 나는 네가 금세 포기할 줄 알았거든. 하지만 역시 너는 나랑 비슷한 구석이 있더구나. 무엇보다 용감하고 이루고 싶은 일에 대해선 오기도 있고 말이야."

E 박사는 희망이의 머리를 쓰다듬었다.

"너, 발명이 하고 싶다고 했지? 내가 널 도와줄 수 있을 것 같아. 시크릿 발명 노트가 널 선택할 수 있도록 말이야."

이때 시크릿 발명 노트가 펄럭이더니 스스로 열리는 것이었다.

"시크릿 발명 노트가 깼나 봐. 일단 발명에 대해 알아보자."
E 박사는 희망이를 노트 가까이로 손짓해 불렀다. 놀란 가슴을 가라앉힌 희망이는 노트에 적힌 글귀를 천천히 읽어 내려갔다.

발명이란?

발명과 발견
'발견은 세상에 존재하지만 미처 알지 못한 사실을 알게 되는 것.'
'발명은 세상에 없는 것을 만들어 내는 것.'

시크릿 발명 노트에 떠오른 글귀를 본 희망이는 발견과 발명의 의미가 비슷하면서도 다르다는 느낌을 받았다.

"불을 한번 떠올려 봐. 화산이나 벼락 등으로 불이 피어오르는 모습을 본 것은 '불의 발견'이라고 해."

E 박사는 희망이를 위해 친절하게 설명을 시작했다.

"불은 어떤 장점이 있지? 먼저 따뜻하게 체온을 유지할 수 있어. 음식을 데워 먹을 수도 있지. 하지만 불이 필요할 때마다 화산이나 벼락 등 자연적으로 발생할 때까지 기다릴 수 있을까?"

희망이는 세차게 고개를 흔들었다.

"아니요. 불이 없다면 아주 불편할 것 같아요."

"맞아. 불을 원하는 시간과 장소에서 피우기 위해 만든 점화 도구는 발견이 아니라 발명이 되는 거지."

E 박사는 화제를 바꿔 질문을 던졌다.

"희망아. 스마트폰, TV, 컴퓨터의 공통점이 뭔 줄 아니?"

"글쎄요. 음, 재미있는 것을 볼 수 있다는 거?"

"그럼. 무선 통신*이라는 단어는 들어 보았니?"

"네."

"오, 제법이구나. 눈에 보이지 않는 전자기파가 글과 그림, 소리 등을 전달하기 때문에 무선 통신이 가능해."

그때 시크릿 발명 노트에 갑자기 남자 사진이 떠올랐다. 희망이는 깜짝 놀라 사진을 뚫어져라 바라보았다.

"이 사람은 하인리히 헤르츠. 전자기파를 발생시킨 뒤 안테나를 이용해 수신하는 실험으로 전자기파의 존재를 증명했어. 이후 많은 사람들이 전자기파를 이용해 무선 통신을 할 수 있는 방법을 찾기 위해 노력했어."

---

* 무선 통신_ 전선을 사용하지 않고 전자기파를 이용한 통신을 말한다. 무선 전신, 무선 전화, 라디오 방송, 텔레비전 방송 따위가 있다.

이번에는 시크릿 발명 노트에 다른 남자의 사진이 떠올랐다.
"그중 마르코니가 무선 전신을 발명했지. 선 없이 통신을 할 수 있게 돕는 도구야."
희망이는 두 사람의 사진을 번갈아 쳐다보았다.
"한마디로 말해 하인리히는 발견자이고, 마르코니는 발명가라고 할 수 있지. 이처럼 발견에 창의적인 아이디어를 더해 발전시키면 발명이 되는 거란다."
그제야 발견과 발명의 의미를 제대로 이해한 희망이는 손뼉을 치며 말했다.

하인리히 헤르츠 (1857년~1894년).
독일의 물리학자. 주파수의 단위인 헤르츠는 이 이름에서 따온 것이다. 헤르츠는 라디오파를 만들어 내는 장치를 만들어서 전자기파의 존재를 처음 증명해 보였다.

굴리엘모 마르코니 (1874년 - 1937년).
이탈리아의 물리학자. 라디오 전신 체계의 발명가이다. 헤르츠가 죽었을 때 그의 추도 기사를 읽으며 무선 통신을 연구하기로 결심했다.

"아하, 그렇군요. 들어 보니 발견도 발명도 쉽게 되는 건 아니네요."
"그럼. 끊임없이 관찰하고 연구해야 해. 문제점을 해결하려고 노력해야 발명에 가까워지지."
어느새 E 박사는 구름 모양의 안경으로 바꿔 썼다. 그러고는 희망이의 손을 꽉 붙잡았다.
"자, 이제 세상을 뒤흔든 발명품들을 만나러 가 보자."

세상을 바꾼 발명

빛을 가져온 발명품

E 박사는 벽으로 다가가더니 작업실 전구 스위치를 여러 번 껐다 켰다. 불이 들어왔다가 나가기를 반복했다.
"그렇게 불장난하면 박사님, 자다가 오줌 지도를 그린다고요!"
"하하하. 지금 세상을 바꾼 발명품을 네게 보여 주고 있는 거란다."
희망이는 화들짝 놀라 천장을 바라보았다.
"전구의 발명은 사람들을 어둠에서 해방시켜 주었어. 물론 전구 이전에도 램프, 촛불 등 불을 밝히는 도구는 있었지. 하지만 불이 날 위험이 있고, 냄새도 나지. 여러모로 불편한 도구였어."
"아, 에디슨이 전구를 발명했죠?"
희망이가 어깨를 으쓱하며 알은체를 했다.
"맞아. 전기를 이용한 백열전구는 에디슨이 특허를 냈어. 사실

전기는 기원전 600년경에 보석인 호박을 닦다가 정전기 현상이 발견돼 알려졌어."

E 박사가 이번에는 종이를 흔들었다.

인류를 똑똑하게 만든 발명품

"희망아, 사람들이 공부를 왜 하는 줄 아니?"

"뭐, 똑똑해지기 위해서 그런 거겠죠."

"맞아. 공부를 통해 선조의 것을 배우고 현재의 것을 발전시켜 후손에 전달하지. 이것을 지식을 쌓는다고 말해."

"그런데 그 종이하고 지식하고 무슨 상관이 있나요?"

희망이는 E 박사가 흔드는 종이가 궁금해졌다.

"종이가 발명되기 전에는 글이 아닌 말로 생각을 전달해야만 했지. 그러니까 지식이 오래 기록되지 못하고 쉽게 사라져 버렸어. 반면 종이는 글을 쓸 수 있고, 얇고, 가지고 다니기도 편리하지? 종이는 지식을 기록하고 보관할 수 있게 만들어 주었단다."

E 박사가 이번에 책을 집어 들었다.

"종이가 지식의 저장을 편리하게 해 주었다면 금속 인쇄술은 그 저장된 지식을 확산시키는 데 큰 역할을 했단다."

이번에는 시크릿 발명 노트에 최초의 대량 인쇄 기기인 구텐베르크의 금속 활판의 사진이 떠올랐다.

"인쇄술이 발달하기 전까지는 책을 어떻게 만들었을까? 일일이 손으로 베껴서 만들었단다. 그러다 보니 비쌀 수밖에 없었고, 성직자와 지식인 같은 소수의 사람들만 책을 볼 수 있었지. 이들 중 일부는 지식을 독차지하고 사람들을 속이기도 했어."

"자기들만 책을 본 것도 모자라서 다른 사람을 속이다니요!"

희망이가 E 박사 이야기에 흥분해서는 씩씩거렸다.

"하하. 하지만 다행히 금속 인쇄술*이 발명되면서 종이를 묶어 만든 책이 널리 퍼질 수 있었어. 이제 책은 몇몇 사람들만의 전유물이 아니라 일반 사람들도 읽고 똑똑해지는 데 도움을 주었지."

이야기를 듣고 보니 희망이의 눈에 책이 달리 보였다.

"이후에도 기술은 점점 발달했지. 지금은 책 대신 지식을 널리 알리는 데 큰 역할을 하는 게 따로 있어. 이 방에서도 쉽게 찾을 수 있는 발명품이란다. 희망이가 한번 찾아보겠니?"

방 안을 훑어보다 컴퓨터를 발견한 희망이의 눈빛이 반짝거렸다.

"그건 바로, 인터넷이 아닐까요?"

"정답. 인터넷 때문에 현대인들은 쉽게 지식을 주고받을 수 있지."

---

* 금속 인쇄술_ 주석을 얇게 입힌 철판이나 알루미늄판에 글자나 그림을 찍기 위한 특수 인쇄술.

E 박사가 웃으며 옆에 있는 줄을 손으로 잡아끌었다. 그러자 바닥이 불쑥 올라가 희망이의 몸이 허공으로 붕 떠 버렸다.
"으아악!"
깜짝 놀란 희망이를 보고는 E 박사가 장난스럽게 웃었다.
"이번에는 노동을 도와준 발명품을 살펴보자."

노동을 도운 발명품

"이렇게 깜짝 놀라게 하시다니 박사님 나빴어요!"
"미안, 도르래를 설명하기 위해서 그랬단다."
그 말에 희망이는 작업실에 있는 도르래를 자세히 살펴보았다.
"도르래는 작은 힘으로 큰 힘을 낼 수 있는 장치야."
희망이는 바퀴에 끈을 두른 형태의 도르래에 다가가 직접 끈을 잡아당겨 보았다.
"무거운 것을 쉽게 들게 해 주어서 사람들의 노동을 줄여 주었어."
이번에도 어김없이 시크릿 발명 노트에 사진들이 떠올랐다. 사진에는 엘리베이터, 국기 게양대, 크레인의 모습이 보였다.
"이것 모두 도르래를 이용해 만든 물건들이야."
"우리 주변에 도르래를 이용한 물건들이 정말 많았네요."
"그렇지? 이처럼 노동을 도와 사회에 변화를 가져온 발명품도 있어. 희망이네 집에서도 쉽게 볼 수 있는 물건이야. 뭐가 있을까?"
노동을 도와서 사회에 변화를 가져온 발명품이라니 뭔가 근사한 물건일 것 같았다.
"우리 집에도 있다고요? 그게 뭘까요?"
"세, 탁, 기."
희망이는 적잖이 실망했다. 사회에 변화를 일으켰다면 대단한 발명품일 것이라 생각했기 때문이다.
"세탁기는 인류를 가사 노동에서 해방시켜 준 물건이야. 19세기 말과 20세기 초에는 특히 여성의 사회 활동에 제한이 많았단다. 그 이유 중 하나는 집안일이었어. 그 종류와 양이 어마어마했던 거지. 세탁기는 여성이 빨래라는 반복적인 노동에서 벗어나 새로운 일을 할 수 있도록 도왔어. 즉 여성이 사회 활동에 참여하는 데 아주 큰 역할을 했지."
그러고 보니 부모님 모두 일을 하는 희망이네 집도 세탁기가 참 많은 일을 하고 있다는 생각이 들었다.
"만약 집안일을 해야 하느라 여자가 자신의 직업을 갖지 못했다면……. 하마터면 박사님 같은 인재를 잃을 뻔했네요."
"그런가? 하지만 난 과거에 태어났다 해도 불편하면 내가 만들었을 것 같아. 하하하."
E 박사가 장난스럽게 머리를 휘날리며 잘난 체를 했다.

희망이는 그런 E 박사가 오히려 멋있어 보였다.

"발명은 정말 마법 같아요. 세상을 바꾸어 왔잖아요. 발명이 없었다면 세상은 온통 불편함투성이겠죠?"

희망이는 새삼 발명의 매력을 생각하며 감동했다.

"안타깝게도 세상을 어둡게 한 발명품도 있어."

E 박사의 표정과 목소리가 갑자기 어두워졌다.

세상을 어둡게 한 발명

유용한 도구 또는 위험한 무기

시크릿 발명 노트에 어떤 사람의 사진이 떠올랐다. 희망이는 흥분하며 알은체를 했다.

"누군지 알아요! 자기 이름을 따서 노벨상을 만든 노벨이잖아요."

희망이는 매년 TV에서 전하는 노벨상 수상 소식을 유심히 들었다. 그걸 보면서 노벨상 수상자들을 동경했다. 언젠가 자신도 저런 상을 받고 싶다는 꿈을 키웠다.

"노벨이 노벨상을 만든 이유가 무엇인 줄 아니?"

"글쎄요. 세상을 바꾼 사람들에게 뭔가 상을 내리고 싶었던 거 아닐까요?"

"그보다는 죽음의 상인이라는 악명을 떨치기 위해서라고 할 수 있지."

"죽음의 상인이요?"

"노벨이 다이너마이트를 발명했다는 것 알고 있지? 다이너마이트는 채굴 현장이나 건설 현장에서 일하는 사람들을 돕기 위해 만든 폭약이야. 하지만 사람들을 위협하는 무기로도 쓰였지. 이처럼 유용한 도구로 발명되었지만 위험한 폭탄이 된 다이너마이트 같은 사례는 많이 있단다."

이어서 E 박사는 작은 로켓 모형을 희망이에게 보여 주었다.

"나는 어릴 적부터 로켓을 보며 우주 탐사를 꿈꾸었단다."

희망이는 E 박사에게 로켓 모형을 받아 들고는 하늘을 향해 날리는 시늉을 하였다.

"우주여행을 한다면 정말 멋질 것 같아요!"

알프레드 베른하르드 노벨(1833년~1896년)은 스웨덴의 과학자. 고체 폭탄인 다이너마이트를 발명했고, 그의 유언에 따라 노벨상이 만들어졌다.

"그런데 로켓에도 역시 슬픈 역사가 숨어 있어. 로켓은 우주로 가기 전에 무기를 실어 나르는 나쁜 용도로 사용되었단다."
시크릿 발명 노트에 다른 인물의 사진이 떠올랐다. 사진 속 주인공은 베르너 폰 브라운이었다.
"지금 이 사진의 주인공은 베르너 폰 브라운이야. 그는 우주로 날아가는 로켓을 만들고 싶었지만 그가 태어난 국가인 독일은 다른 것을 요구했어."
"무엇을요?"
"독일은 1차 세계 대전을 일으킨 나라로 비난을 받아 보통의 무기를 개발할 수 없었어. 대신 날아가는 무기에 관심을 갖고 폰 브라운의 연구를 지원했지. 결국 히틀러의 명령으로 폰 브라운의 로켓은 우주선 대신 폭탄을 싣고 영국을 폭격하는 미사일로 사용되었던 거야."
"아, 폰 브라운의 의도대로 되진 못했네요."
"그렇지. 이 일로 인해 수많은 사람들이 죽고, 2차 세계 대전이 시작됐지. 폰 브라운은 많은 사람에게 비난을 받았단다."
희망이는 로켓에 많은 사람들을 다치게 하는 무기를 매달았다는 것이 상상이 되지 않았다.
"전쟁이 끝난 뒤에 폰 브라운은 미국으로 갔어. 그곳에서 우주로 보내는 로켓을 계속 개발했지. 결국 인류 최초로 달을 탐사하는 우주선을 쏘아 올리는 로켓 개발에 성공했어. 덕분에 우주 과학은 엄청난 발전을 이룰 수 있었고 말이야."

희망이는 혼란스러웠다.

"그렇다면 로켓은 좋은 발명품일까요, 나쁜 발명품일까요?"

E 박사는 잠시 침묵했다.

"희망아. 그걸 한마디로 단정 짓기는 힘들구나. 아인슈타인도 발명 때문에 후회를 했으니까."

희망이는 세상 부러울 것 없는 천재인줄로만 알았던 아인슈타인이 발명 때문에 후회를 했다는 사실에 깜짝 놀랐다.

"아인슈타인은 핵폭탄 탄생에 결정적인 역할을 했던 사람이지."

그때 시크릿 발명 노트에 아인슈타인의 얼굴이 떠올랐다.

"아이슈타인은 나치*를 피해 독일에서 미국으로 망명을 했어. 당시 아인슈타인은 동료에게 독일 과학자들이 핵분열에 성공하여 신무기를 만들 위험성이 높아졌다는 소식을 들었어. 그는 이를 막기 위해 미국의 루즈벨트 대통령에게 독일보다 미국이 먼저 핵폭탄을 개발해야 한다고 편지를 썼지. 이 때문에 1939년 핵폭탄 개발을 위한 '맨해튼 계획'이 시작됐고, 결국 1945년 핵폭탄이

---

* 나치_ 히틀러를 당수로 하여 1933년~1945년 정권을 손에 넣은 독일의 파시즘 정당.

일본의 히로시마와 나가사키에 떨어졌어. 하지만 실제로 독일은 핵폭탄 개발에 실패했어. 이를 알게 된 아인슈타인은 전쟁을 막으려다 전쟁을 더 키운 폭탄을 발전시켰다는 생각에 핵폭탄 개발을 요청하는 편지를 쓴 걸 후회했단다."

희망이는 아인슈타인의 얼굴을 들여다봤다. 완벽한 사람이라고 해서 늘 완벽한 결정을 내리는 것은 아니란 생각을 했다.

"핵폭탄 이후 반성의 목소리가 세계에 울려 퍼졌어. 원자력을 무기가 아니라 평화적으로 사용하기 위해 발전소를 세워 에너지원으로 활용하기 시작했단다."

"그게 원자력 발전인 거죠?"

"맞아. 원자력 발전은 핵분열 반응 때 생기는 막대한 양의 열에너지를 전기 에너지로 쓰는 거야. 엄청난 양의 에너지를 내면서도 비용이 저렴해 많은 나라에서 선호하지."

"그렇다면 나쁜 발명품이 좋은 발명품이 된 거네요?"

E 박사는 희망이가 기특했는지 머리를 쓰다듬었다.

"하지만 언제든 긴장을 늦추면 끔찍한 일이 생길 수 있다는 걸 명심해야 한단다."

이때 시크릿 발명 노트에서 동영상을 재생하듯 원자력 폭발 장면이 생생히 나왔다. 희망이는 깜짝 놀라 입을 다물지 못했다. 노트 속에서는 마을이 한순간 폐허가 되는 모습과 고통받는 사람들의 모습이 차례로 보였다.

"무…… 무서워요."

"소련(현 러시아) 체르노빌 원자력 발전소와 일본 후쿠시마 원자력 발전소의 사고 장면이야. 원자력에서 나오는 방사능이 사람의 생명을 앗아갈 정도로 치명적이라는 것을 알려 준 사건이지."

E 박사가 진지한 얼굴로 희망이의 눈을 보며 말했다.

"발명품이 사람을 해치는 무기가 될지, 사람을 살리는 도구가 될지는 결국 사람 손에 달려 있단다."

"휴우. 발명을 할 때 고민해야 할 것들이 정말 많네요……."

희망이가 한숨을 쉬며 말했다.

"맞아. 그래서 나도 발명을 할 때면 늘 공학자의 윤리가 무엇인지 고민하곤 해."

E 박사의 말에 희망이가 고개를 갸웃거렸다.

"저, 박사님. 궁금한 게 있어요. 발명가와 공학자의 차이가 뭐예요? 비슷하면서도 다른 것 같고. 늘 헷갈렸거든요."

발명가와 공학자

"발명가와 공학자 모두 세상에 없는 새로운 것을 만든다는 점에서는 비슷해."
E 박사가 시크릿 발명 노트를 꺼내 들었다.
"물론, 똑같지는 않고 둘에는 약간의 차이가 존재한단다."
E 박사가 노트에 무언가를 쓰기 시작했다

발명가 + ㅁㅁㅁ = 공학자

"발명가는 사물을 자세히 관찰하여 새로운 것을 만들려는 성향이 강한 사람들이야. 그에 반해 공학자는 문제를 해결하기 위해 효율적인 방안을 찾으려 해. 그것이 편리하고 유용한지, 또한 경제적인지 등 여러 점을 함께 살피지."

E 박사는 노트에 주전자 뚜껑을 그렸다.

"예를 들어 주전자 뚜껑에 구멍을 처음 뚫고 특허를 처음 낸 사람은 발명가라고 할 수 있지."

E 박사는 그림 옆에 여러 개의 구멍을 그렸다.

"하지만 공학자라면 여기서 멈추지 않아. 과학적으로 분석해서 가장 효율적인 구멍을 찾아내지."

희망이는 그림을 비교해 보며 가만히 고개를 끄덕거렸다.

"발명은 특허를 목적으로 혼자서 연구하는 경우가 많아. 공학자는 기술 발전이라는 큰 목적을 이루기 위해 여러 사람들과 힘을 합치는 일이 많지."

"그럼 발명가에서 공학자가 되려면 □□□에 무엇이 들어갈 수 있을까요?"

E 박사는 어느새 질문까지 하는 희망이가 대견해 머리를 쓰다듬으며 말했다.

"내 생각에는 '진리 추구, 협동 정신' 등이 들어갈 수 있을 것 같아. 이것을 만족시킨다면 발명가면서 공학자가 될 수 있지 않겠어?"

이때 시크릿 발명 노트에 단어가 떠올랐다.

"이 단어들은 뭐예요 박사님?"

"공학자가 가진 특징들이라고 할 수 있지."

E 박사는 단어 하나하나를 희망이에게 설명해 주기 시작했다.

"공학자는 '왜'라는 질문을 끊임없이 하는 호기심쟁이야."

희망이가 활짝 웃었다. 엉뚱한 E 박사만 보아도 알 수 있었다.

"관찰하면서 계속 질문을 던질 수 있어야 남들이 보지 못한 것을 볼 수 있어. 희망이도 계속 생각하고 질문을 던지도록 해."

"네!"

"그리고 공학자는 창의적이어야 해. 새로운 것을 생각하는 데서 멈추는 것이 아니라 만들어 내야 하니까."

이번에는 희망이가 고개를 갸웃갸웃거렸다.

"그런데 박사님. 창의적인 것과 모방하는 것은 반대 아니에요?"

"모방은 창조의 어머니라는 말도 있지? 창조하기 위해 때론 모방도 필요한 거란다."
E 박사는 서랍에서 요상한 모양의 라디오를 꺼냈다.
"이 라디오가 뭔지 아니? 내가 희망이 나이 때였어. 라디오가 어떻게 만들어졌는지 너무 궁금한 거야. 그래서 라디오를 다 뜯어 보았단다. 그리고 그걸 흉내 내 나만의 라디오를 만들었지."
희망이는 어린 나이임에도 불구하고 자기만의 라디오를 만들어 보다니, E 박사가 대단하다는 생각이 들었다. E 박사가 말을 이었다.
"대표적인 모방은 자연을 따라 하는 거라 할 수 있지. 사람들은 새를 모방해서 비행기를 만들었잖아. 또 초음파로 장애물의 위치를 파악하는 박쥐를 모방해 로봇 청소기를 만들었지."
희망이는 창밖을 바라보았다. 물고기, 하

늘, 구름 등 자연이 새롭게 보였다.

"하지만 모방을 할 때는 반드시 조심해야 할 게 있어. 모방에서 멈추면 그저 남의 아이디어를 훔치는 것밖엔 안 돼. 거기서 더 발전시켜야 의미가 있어."

"윽, 점점 어려워지는걸요."

희망이는 얼굴을 찌푸리며 말했다.

"공학자가 되기 위해선 많은 어려움을 만나게 돼. 그때 필요한 건 그 어려움을 헤쳐 나갈 신념과 용기이겠지?"

"배려와 사랑도 필요한 덕목이 아닐까요?"

"그렇지. 공학자는 인류의 발전을 돕는다는 마음과 더불어 배려와 사랑의 자세도 가져야 한단다."

E 박사는 공학자가 다른 사람의 말에 휘둘려서도 안 되지만, 늘 다른 사람의 말에 귀 기울이는 자세를 가져야 한다고 말했다. 그래야 기술이 나쁜 곳에 쓰이지 않게 예방할 수 있기 때문이라고 했다.

"위대한 공학자가 되려면 자신의 발명품이 세상에 긍정적인 영향을 준다는 믿음으로 끝까지 포기하지 않는 마음이 필요해."

희망이는 E 박사가 말한 공학자의 특징들을 머릿속에 되새겼다.

"지금부터 위대한 공학자들을 직접 만나러 가 볼까?"

위대한 발명을 남긴 위인들과의 만남

E 박사는 희망이에게 시크릿 발명 노트와 펜을 건네며 말했다.
"희망아. 여기에 네가 만나고 싶은 발명가의 이름을 써 봐."
"에이, 쓴다고 만날 수 있는 것도 아닐 텐데요."
"하하. 과연 그럴까? 시크릿 발명 노트가 시공간 여행을 보내 준다고 한 말, 잊은 건 아니겠지?"
"정말요? 과거의 사람도요?"
E 박사는 의미심장한 표정으로 고개를 끄덕였다.
희망이는 E 박사가 장난을 친다고 생각했다. 하지만 궁금함을 참을 수는 없었다. 희망이는 얼마 전에 읽은 위인전의 주인공인 에드워드 제너의 이름을 노트에 쓰고는 눈을 감았다.
잠시 뒤 희망이가 눈을 뜨며 고개를 들었다. 하지만 아무 일도 일어나지 않았다.

'역시 장난이었나…….'

희망이가 실망한 얼굴로 E 박사를 바라보는데, 그때 문밖에서 '똑똑!' 하는 노크 소리가 들렸다.

금기를 깬 기발한 생각으로 백신을 만든 에드워드 제너의 용기와 신념

"누구세요?"

희망이가 문을 열었다. 문가에는 초라한 옷을 입은 여인과 소년이 서 있었다.

"에드워드 제너 선생님 계신가요?"

"접니다."

희망이 뒤에서 웬 남자가 걸어 나왔다. 희망이는 소스라치게 놀랐다. 그러고 보니 주변은 E 박사의 작업실이 아니라 오래된 집의 실내로 바뀌어 있었다. 낯선 풍경에 희망이의 눈이 휘둥그레졌다.

"대체 여기가 어디……?"

"여기는 1700년대 후반, 영국이란다."

E 박사가 시크릿 발명 노트를 매만지며 태연하게 대답했.

세상에! E 박사의 말대로 시크릿 발명 노트는 두 사람을 전혀 다른 곳으로 이동시키는 신비한 능력을 가졌던 것이다. 희망이는 눈으로 보고도 믿어지지가 않아 주변을 두리번거렸다. 그때 문

가의 여인이 흐느끼기 시작했다.

"선생님, 우리 아이한테도 우두 주사를 놓아 주세요."

남자는 따뜻한 미소를 지으며 손님과 함께 밖으로 나갔다.

"희망아! 예방 접종*이 뭔지 아니?"

희망이는 팔의 주사 자국을 보여 주며 말했다.

"이게 바로 어릴 때 예방 접종을 했던 자국이에요.."

"그래그래. 저 남자가 백신의 시초, 최초의 예방 주사를 있게 한 예방 접종의 아버지인 에드워드 제너란다."

희망이는 에드워드 제너가 바로 눈앞에 있는 것이 너무도 신기했다. 그리고 용기를 내어 밖으로 나가 농부들 곁에 있는 에드워드 제너에게 다가갔다. 곧 E 박사도 따라 나왔다. 에드워드 제너는 E가 들고 있는 시크릿 발명 노트를 보고는 웃음을 지었다.

"아, 두 분은 발명의 역사 여행을 하고 있군요."

희망이는 깜짝 놀랐다. 이 노트의 존재를 알고 있었다니.

"놀랄 것 없다. 나 역시 그 노트로 발명의 역사 여행을 했었으니까. 나를 찾아온 것으로 보아 내가 무슨 일을 내긴 냈나 보구나."

"미래를 알려 드릴까요?"

---

* 예방 접종_ 전염병을 예방하기 위해 백신을 투여하여 면역성을 인공적으로 생기도록 하는 일.

E 박사가 얼른 희망이의 입을 막았다. E 박사는 귓속말로 미래의 이야기는 비밀이기에 입 밖에 내어서는 안 된다고 당부했다. 그때 에드워드 제너가 말했다.

"음, 나는 내 미래가 궁금한 건 아니야. 어떤 결과를 마주한다고 해도 내 신념을 꺾을 수는 없을 테니까. 난 한 농부가 우유를 짤 때 소가 걸린 천연두*를 경험한 뒤에, 사람이 걸리는 천연두를 이겨 냈다는 걸 발견했어. 이것을 이용하면 천연두를 예방할 수 있을 거라고 믿어. 아프기 전에 병균을 몸에 미리 넣으면 몸이 병균과 싸워서 면역력이 생기지. 몸은 그 방법을 기억했다가 나중에 침입한 강한 병균을 이긴다는 원리란다."

"나쁜 것이지만 결국 좋게 쓰이는 거네요?"

희망이의 말에 에드워드 제너가 싱긋 웃으며 물었다.

"여기서 질문! 동물의 병이 꼭 동물에게만 전염될까?"

"글쎄요. 실험을 해 봐야 알겠죠?"

희망이가 신중하게 대답했다.

"고정관념을 가지면 새로운 것을 발명하기 힘들어져. 때론 반대로 생각하기도 필요하지. 나는 동물의 병이 동물에게만 전염될

---

* 천연두_ 천연두 바이러스가 일으키는 급성 전염병. '마마'라고도 한다. 고열에 발진이 생긴다. 딱지가 저절로 떨어지기 전에 긁으면 안 된다.

거라 생각하지 않았어. 그래서 사람에게 동물이 앓은 병균을 넣어서 예방법을 발견했단다."

이때 요란한 말발굽 소리가 들려왔다. 언덕 아래에서 험악한 표정을 한 한 무리의 사람들이 말을 타고 다가오고 있었다. 에드워드 제너가 그 모습을 보고는 미간을 찌푸렸다.

"생각을 뒤집는 역발상은 때때로 사람들의 공격을 받기도 해. 저들은 사람 몸에 소 병균이 들어가면 사람이 소가 된다는 소문을 퍼뜨리면서 날 비난하고 있는 사람이란다."

그때 에드워드 제너가 뛰기 시작했다. 희망이와 E 박사도 눈치를 채고 덩달아 뛰었다.

"사람들에게 도움을 주고자 하는 실험에 근거 없는 비판을 들으면 속상할 것 같아요. 선생님은 왜 이렇게까지 하시는 거예요?"

"죽음을 막아 사람들을 행복하게 하는 게 내 역할이라고 생각하니까."

희망이는 사람들의 비난에도 굴하지 않는 에드워드 제너의 탐구 정신에 감동을 받았다. 무엇보다 희망이는 용기와 신념이 무엇인지 배웠다. 갑자기 그를 돕고 싶은 마음이 들었다.

에드워드 제너가 마차에 올라탄 뒤 희망이도 E 박사의 손을 끌고 옆의 마차에 올라탔다.

"저희가 쫓아오는 사람들을 따돌릴게요."

E 박사가 줄을 잡으며 말했다. 희망이가 깜짝 놀라 물었다.

"근데 박사님, 마차 몰 줄 아세요?"

"아니, 몰라. 꽉 잡아라."

맹렬하게 쫓아오는 사람들 때문에 희망이와 E 박사가 탄 마차는 더욱 더 속도를 올려야만 했다.

"희망아. 어서 만나고 싶은 다른 위인의 이름을 노트에 적어 봐!"

"네?"

"시간 없어. 어서 적으라고."

E 박사는 희망이에게 시크릿 발명 노트를 건넸다. 희망이가 잠시 고민하다가 급히 다음 사람의 이름을 글씨를 적는 순간, 아슬아슬하게 앞서가던 마차가 돌부리에 걸려 휘청거렸다. 희망이와 E 박사는 비명을 질렀다. 희망이는 겁이 나 눈을 감았다.

인문과 예술까지 섭렵한 공학도, 스티브 잡스의 드넓은 호기심과 창의성

눈을 뜨니 두 사람 모두 무사했다. 마차도, 쫓아오던 사람들도 없었다. 그리고 새로운 도시의 풍경이 펼쳐지고 있었다.

시크릿 발명 노트에는 '1995년, 미국'이라는 글씨가 떠올랐다.

"희망이 너, 누구의 이름을 썼니?"

희망이가 씩 웃으며 검은 티를 입은 남자를 손가락으로 가리켰다.

"누구긴 누구겠어요. 그야 스티브 잡스지요."

그때 IT 천재로 유명한 스티브 잡스가 씩씩거리며 두 사람 앞으로 다가왔다.

"말도 안 돼. 내가 만든 회사가 나를 내쫓다니!"

희망이가 깜짝 놀라서는 스티브 잡스에게 말을 걸었다.

"우와, 저 아저씨가 만든 만화 영화 토이 스토리 엄청 좋아해요!"

"토이 스토리? 아직 개봉도 안 했는데 그걸 어떻게 알지?"

스티브 잡스가 흠칫 놀라 물었다. 그러더니 이내 시크릿 발명 노트를 발견하고는 부드러운 표정을 되어 말했다.

"오호라, 너 시크릿 발명 노트와 여행을 하고 있구나?"

"아저씨도 이 노트를 경험해 보셨어요?"

"그럼. 나는 대학교에서 물리학을 전공했는데 철학까지 공부하게 된 것은 바로 그 노트 덕분이란다."

"물리와 철학을요? 전혀 다른 학문이잖아요. 저는 수학과 과학은 잘하는데 인문 쪽은 별로 관심이 안 생기거든요."

"한쪽만 잘해서는 창의적인 생각을 내기 어려워. 이쪽저쪽 모두 호기심을 길러서 많은 것을 경험하는 것이 중요하지."

"그래서 아저씨는 컴퓨터도 잘하고, 그림도 잘 그리는 거군요?"

"하하. 난 직접 그리지는 않아. 컴퓨터에게 그리라고 명령을 내리는 프로그램을 개발했지."

스티브 잡스는 두 사람을 작업실로 데려갔다. 벽에 붙은 토이 스토리의 포스터를 보자 희망이는 더욱 신이 났다. 스티브 잡스는 희망이에게 작업하고 있는 토이 스토리를 보여 주었다.
"나는 공학도로서 예술가가 평면에 그린 그림을 입체로 표현할 기술을 고민해서 결국 3D 애니메이션을 만들게 됐지."
스티브 잡스는 주먹을 불끈 쥐며 말했다.
"이건 세계 최초 장편 3D 애니메이션으로 역사에 남을 거야."
"아저씨는 만화를 좋아하셨나 봐요? 저도 만화를 좋아하는데."
희망이가 히죽 웃으며 물었다.
"하하. 만화 좋아하지. 근데 나는 만화만 좋아한 게 아니야. 게임 회사에 공학자로 취직했지만 비디오 게임을 기획하는 일도 했거든."
게임 이야기에 희망이의 눈이 동그래졌다. 스티브 잡스가 이번에는 자신이 개발한 컴퓨터들을 꺼내 보여 주었다.
"애플2 컴퓨터를 만들 때는 백화점에서 쿠진아트 믹서기를 보고 디자인 아이디어를 얻었단다. 매킨토시 컴퓨터를 만들 때는 대학에서 배운 캘리그라피를 기억해 내고 예쁜 글씨체를 적용했지. 덕분에 출판 등의 분야에서 큰 인기를 얻었단다. 컴퓨터는 어렵다는 느낌을 없애기 위해 나만의 창의성을 발휘했지."
"아저씨는 정말 천재 같아요."
희망이의 칭찬에 스티브 잡스는 어깨를 으쓱했다.

"뭘 그 정도를 가지고. 너에게만 특별히 구상중인 발명품을 알려 주마. 먼저 문제를 내지."

스티브 잡스는 먼저 나무 의자에 E 박사를 앉혔다.

"얘야. 어떻게 해야 이 의자를 쉽게 옮길 수 있을까?"

"그야 들어서 옮기면 되겠죠."

희망이는 E 박사가 앉은 의자를 들기 위해 끙끙거리며 애썼다. 하지만 희망이가 도저히 들 수 없는 무게였다.

"아, 의자에 바퀴가 달려 있으면 쉽게 옮길 수 있을 텐데……."

희망이가 중얼거리자 스티브 잡스가 손뼉을 치며 소리쳤다.

"그래 맞아. 움직이지 않는 물건을 움직이게 하는 것이 필요한 순간이지. 너 참 똑똑하구나."

칭찬을 들은 희망이의 어깨가 으쓱해졌다. 스티브 잡스는 다시 컴퓨터 앞으로 다가갔다.

"나는 앞으로 움직이면서 할 수 있는 노트 같은 컴퓨터를 만들 거란다! 이건 내가 개발 중인 컴퓨터란다."

그는 서랍에서 미완성의 그림을 꺼냈다. 사각형 얇은 컴퓨터, 많이 보던 컴퓨터였다. 그것은 바로 태블릿 PC였다. 막 알은체를 하려는 희망이를 E 박사가 급히 말렸다.

'아차! 비밀이라고 했지.'

희망이가 멈칫했다.

"움직이면서 컴퓨터를 할 수 있으려면 지금보다 훨씬 작고 가벼워야겠지. 아, 안 되겠어. 직접 컴퓨터를 들고 나가 봐야지!"
스티브 잡스는 커다란 컴퓨터를 번쩍 들고는 문밖으로 사라졌다.
"아저씨 잠깐만요! 궁금한 게 아직 많단 말이에요!"
희망이는 그를 쫓아 문밖으로 나갔다. 그런데 문밖은 익숙한 풍경으로 바뀌어 있었다.

행복한 공학자 E의 발명 세계

사회적 약자는 누구일까?

시공간 여행을 하고 돌아온 희망이는 흥분이 가라앉지 않았다.
"세상에. 마법 노트라는 게 진짜 있었다니! 믿어지지가 않아요. 사실 노트 위에 사진이 떠오르는 것까지는 간단한 마술 장치를 쓴 줄 알았어요."
희망이는 마법을 부리는 시크릿 발명 노트가 더욱 탐이 났다.
"그런데 시크릿 발명 노트가 다음 주인을 선택했다는 것을 어떻게 알 수 있어요?"
"바로 노트에 다음 주인의 얼굴이 떠오른단다."
희망이의 표정이 더욱 복잡해졌다.
"혹시 이 노트는 미래의 공학자가 몰래 세상에 뿌린 타임머신이 아닐까요? 어떤 원리로 만들어졌을까요?"

이리저리 궁리하는 희망이의 얼굴을 보면서 E 박사는 흐뭇한 웃음을 지었다.

"나도 잘 모르지만, 한 가지 확실한 것은 시크릿 발명 노트의 주인은 계속 바뀐다는 거야."

"왜죠?"

"발명의 씨앗을 여기저기 뿌리는 게 아닐까? 만약 희망이가 열심히 연구해서 많은 사람들의 존경을 받는 위인이 된다고 생각해 봐. 그럼 그때 시크릿 발명 노트를 지닌 누군가가 널 만나러 올 수도 있지 않을까? 상상해 봐. 어른이 된 널 보고 감동해서 위대한 발명을 하겠다는 꿈을 키우는 희망이 같은 어린이를 말이야."

희망이는 자신이 방금 만난 열정 가득한 위인들처럼 될 수 있다고 생각하자 갑자기 마음속에 의욕이 샘솟는 기분이 들었다.

"박사님. 저도 위대한 발명가가 되고 싶어요!"

"그래. 그렇다면 이제는 희망이가 하고자 하는 발명의 목적을 찾을 수 있겠니?"

희망이는 다시 머릿속이 하얘졌다. 하지만 거기에서 멈추지 않았다. 방금 만난 위인들의 발명 동기를 곰곰이 생각해 보았다.

"발명의 목적은 다양한 것 같아요."

"맞아. 누군가는 문제점을 고치고 싶어서, 누군가는 돈을 벌기 위해서, 또 누군가는 호기심 때문에 발명을 하기도 하지."

"박사님은 무엇을 위해 발명을 하세요?"

E 박사는 빙그레 웃으며 답했다.

"나는 사회적 약자를 돕기 위해 발명을 한단다."

"사회적 약자요?"

"응. 노약자, 가난하거나 몸이 불편한 사람 등을 가리키지."

희망이는 시력을 잃은 할머니를 떠올렸다.

"더 넓은 의미로는 다양한 기술의 혜택을 받지 못하는 지역에서 사는 사람들도 포함해."

"아, TV에서 아프리카 사람들을 위해 컴퓨터를 주는 것을 본 적이 있어요."

"맞아. 거기에서 한 발 더 나아가서 본다면 사람이 아닌 동물 같은 생명체도 사회적 약자라고 할 수 있어."

"동물이 약자라고요? 사자는 저보다 강자 아닌가요?"

"하하. 그런가? 그런데 모든 기술이 사람에게만 집중된다면 동물들은 점점 살기 힘들 거야. 사람이 탄 차들이 쌩쌩 달리는 도로가 동물에게는 위험한 길이라는 것을 생각해 봐."

희망이는 차에 치여 목숨을 잃은 동물들이 떠올라 슬펐다. 이때 시크릿 발명 노트에 여러 사진들이 떠올랐다.

"이 발명품들은 모드 사회적 약자를 돕는 발명품이야."

E 박사는 사진을 하나하나 가리키며 설명하기 시작했다.

생명의 빨대, 휴대용 정화 필터
"수도관이 발달되지 않은 곳에 사는 사람들은 오염된 물을 마시고 병드는 경우가 많아. 더러운 물을 깨끗한 물로 바꿔 주는 필터가 있는 빨대를 꽂고 물을 마시면 안심해도 돼."

물을 옮기는 통, 큐드럼
"아프리카 같은 곳은 물을 구하기 힘들어. 집에서 강이나 우물이 있는 곳까지 거리가 멀기 때문에 물을 담아 이동시킬 도구가 필요해. 이 드럼통은 아이들도 쉽게 끌 수 있는 형태가 장점이지."

공놀이 세탁기, 스월(Swirl)
"회전하는 힘을 이용해 전기와 세제 없이 빨래를 할 수 있는 세탁기야. 축구를 하듯 공을 차고 놀다 보면 어느새 빨래가 끝나지."

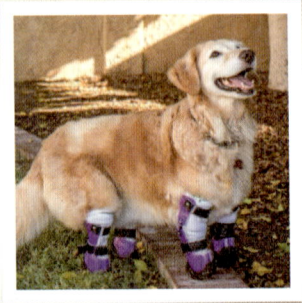

의족(인공 발)
"발을 잃은 이를 위해 발을 대신해 만든 인공 발이야. 동물을 위한 의족도 있어. 그림 속 강아지는 학대를 받고 네 다리를 잃었지만 의족 덕분에 뛰어놀 수 있게 됐어."

의수(인공 손)
"손을 잃은 이를 위해 손을 대신해 만든 인공 손이야. 의수의 종류는 다양해서 기타를 잘 치도록 돕는 의수도 있어."

사회적 약자를 위한 행복한 공학자 E의 발명품

"내가 만든 발명품도 사람들을 행복하게 해 줄 발명품이 돼야 할 텐데."

E 박사가 중얼거리며 말했다.

"우와, 뭔지 궁금해요! 박사님의 발명품을 보여 주세요!"

희망이가 E 박사를 조르기 시작했다. 그러자 E 박사도 한껏 들뜬 표정이 되었다.

신이 난 E 박사는 작업실 한쪽으로 희망이를 데려갔다. 희망이 얼굴에도 기대감이 가득했다. 잠시 뒤 E 박사의 발명품들을 본 희망이는 금세 실망했다. 신기한 것을 기대했는데 E가 꺼낸 것은 스마트폰, 컴퓨터와 같은 익숙한 전자 기기들이었기 때문이다.

E 박사가 희망이의 실망을 눈치채고는 밝게 웃으며 말했다.

"이티의 창립자답게 IT를 이용한 발명품들이란다. 어때?"

"IT요?"

"그래. 보기엔 별것 아닌 것처럼 보여도 여기 있는 것은 우리 주위에 가까이 있는 통신 기기를 이용해 만든 편리한 발명품이란다."

E 박사는 희망이의 손에 스마트폰을 쥐어 주었다. 그저 평범해 보이는 스마트폰이었다.

E 박사가 이번에는 희망이에게 음료수 캔들이 담긴 바구니를 내밀었다. 마침 희망이는 목이 마르던 참이라 얼른 손을 뻗었다.

"희망아. 마시고 싶은 음료수를 고르렴. 단, 눈을 감고 말이야."

"네? 눈을 감고 어떻게 마시고 싶은 걸 골라요. 박사님도 참."

희망이는 당황한 얼굴이 되었다.

"그래. 볼 수 있어야 어떤 음료수인지 고르겠지? 그러니 시각 장애인들은 얼마나 불편하겠니. 물론 이들을 위한 문자인 점자가 있긴 하지만 말이다."

"저, 점자 읽을 줄 알아요. 앞이 보이지 않는 할머니께 배운 적이 있거든요."

그 말에 E 박사가 희망이에게 음료수 캔 뚜껑에 있는 점자를 읽어 보라고 했다. 그러자 희망이가 손가락으로 점자를 더듬었다. 희망이는 그 점자의 내용이 '음료'라는 것을 바로 알아차렸다. 재미를 느낀 희망이는 다른 음료수들을 꺼내 점자를 읽었다. 그런데 곧 희망이의 얼굴이 어두워졌다.

"왜 그러니?"

"이상해요. 모든 음료수의 점자가 다 음료라고만 나와요."

"그렇지? 아직은 음료수 캔의 점자는 시각 장애인에게 '음료'라는 단순한 정보만 제공하고 있는 게 현실이야. 앞을 보지 못한다는 이유로 마시고 싶은 음료조차 선택하기 힘들다니 안타깝지?"

"콜라든 사이다든 모든 음료수를 다 음료라고만 알려 준다니 정말 놀라워요. 콜라를 싫어해도 잘못 사면 마셔야 하잖아요. 너무 억울하겠는데요!"

콜라를 좋아하지 않는 희망이는 자신이 원하는 음료수 하나도 마음대로 고를 수 없는 사람들을 생각하니 마음이 무거워졌다. 희망이의 마음을 눈치챈 E 박사가 활기찬 목소리로 말했다.

"그래서 내가 만들었지. '음료수 이름을 읽고 소리로 알려 주는 스마트폰'을!"

E 박사가 어깨를 당당히 펴며 크게 웃었다.

"이 발명품은 스마트폰과 음료수의 바코드가 있으면 돼."

"바코드요?"

"여기 검은색 막대들이 보이지? 이게 바코드라는 거야. 바코드는 검은색 막대와 흰색의 공간을 문자와 숫자 등으로 표현해 기계가 정보를 빨리 읽도록 만든 기술이야."

E 박사는 희망이에게 발명품의 사용법을 알려 주었다.

음료수 상품명을 읽어 주는 스마트폰

1. 앱을 스마트폰에 설치한다.
2. 앱을 실행하면 스마트폰의 카메라가 켜진다.
3. 스마트폰 카메라로 음료수에 붙은 바코드를 찍는다.
4. 바코드의 내용은 특정한 인터넷 공간에 전달돼 상품명으로 바뀐다.
5. 상품명으로 바뀐 정보가 다시 스마트폰으로 전달돼 스마트폰에서 소리로 나온다.

"이 발명품은 정보가 오고가는 징검다리 역할을 하는 '통신' 덕분에 가능한 발명품이지. 한번 사용해 보겠니?"

희망이는 고개를 끄덕였다.

우선 희망이는 스마트폰에 앱을 깔고 카메라를 켰다. 그리고 희망이는 바코드가 붙은 음료수를 촬영했다. '찰칵!' 소리가 나고,

잠시 후 스마트폰에서 소리가 났다.
"달달 사과 주스입니다."
기계에서 정확한 발음으로 상품명을 알려 주었다.
"우와, 점자 대신 소리로 알려 주니까 엄청 편한대요! 박사님, 대단해요."
희망이는 E 박사를 향해 엄지손가락을 척 들었다.
"이 발명품에는 또 다른 행복한 발명의 비법이 숨어 있단다."
"그게 뭔데요?"
"바로 사회적 약자를 도우려는 사람들이 참여할 수 있는 거지. 기계가 읽는 바코드 언어를 사람이 읽는 언어로 바꾸는 일은 처음에는 사람만이 할 수 있고 해야 하는 일이니까."
희망이는 앞이 보이지 않는 사람들을 위해 '달달 사과 주스'라는 상품명을 입력한 사람이 누굴까 궁금해졌다. 희망이는 이 발명품을 발명한 E 박사와 여기에 참여한 모든 사람들의 따뜻한 마음을 느낄 수 있었다. 발명으로 사회적 약자를 도울 수 있다는 생각에 희망이의 가슴이 두근두근해졌다.
'내가 만든 발명품으로 누군가를 돕는다면 얼마나 뿌듯할까?'
하지만 희망이는 혼자서 발명품을 만들기에는 아직 실력이 부족하다는 생각이 들었다. 목표를 함께 만들어 나갈 친구들이 필요했다. 희망이는 더 나아가 발명가에서 공학자가 되고 싶다는 새로운 꿈이 생겼다. 희망이의 눈빛이 달라졌다. 곧 희망이는 결연한 표정이 되어 벌떡 일어섰다.
"박사님, 결심했어요. 저 발명 동아리를 만들 거예요."
E 박사는 흐뭇한 표정으로 희망이를 바라보았다.

3장

발명 동아리 친구들과 발명 비법을 배워요

행복한 공학자의

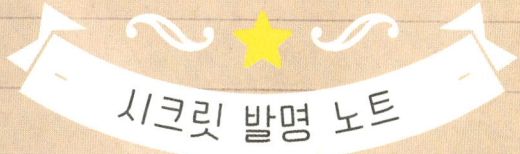

시크릿 발명 노트

발명 동아리 '미소'의 친구들

[발명 동아리 '미소'의 회원을 찾습니다]

희망이는 회원 모집 공고를 종이에 써서 과학실 앞 게시판에 붙였다. 하지만 아무도 그 공고문을 관심 있게 보지 않았다. 시간이 흘러도 찾아오는 친구는 없었다. 썰렁한 과학실에 혼자 앉아 희망이는 하염없이 시계만 들여다보았다.

실망한 희망이가 포기해야 하나 하고 생각하는 순간, 과학실 문이 빼꼼히 열렸다.

"어…… 어서와!"

희망이는 반가움에 일단 큰 소리로 인사부터 했다. 과학실 문을 열고 들어온 아이들은 한 명이 아니라 모두 4명이었다. 모두 과학 퀴즈왕 쇼 예선전에서 떨어졌던 친구들이었다. 희망이는 아이들 이름이 얼른 떠오르지 않았다. 그때 안나가 나서서 자기소개를 했다.

"나는 안나야. 아나운서가 꿈이라 나서는 것을 좋아하지."

"안녕. 나는 궁구미야. 호기심이 많아서 엉뚱하다는 소리를 듣지만, 또 기발해선지 천재 아니냐는 소리도 종종 듣는단다."

"나는 구세라. 성격이 워낙 긍정적이어서 매일매일이 즐거워."

"매일이 즐겁다니 무슨 소리야. 세상에는 잘못된 게 얼마나 많은데. 고쳐야 할 것투성이라고."

한 남자아이가 퉁명스럽게 대꾸하더니 희망이 앞으로 와서 자기소개를 했다.

"난 안해용이야. 장차 법관이 돼서 잘못된 것을 바로잡을 거야."

희망이도 목소리를 가다듬고 자기소개를 했다.

"난 희망이야."

"알아. 너 전교 1등이라고 잘난 척을 많이 한다며."

안해용이 말을 툭 내뱉었다.

"희망아, 기분 나빠하지 마. 해용이가 말을 차갑게 해서 그렇지 진심은 아니야."

구세라가 얼른 안해용을 말리며 말했다. 그사이 궁구미가 희망에게 물었다.

"발명 동아리 이름이 왜 '미소'야?"

"다른 사람들을 돕는 발명을 하고 싶어. 모두가 행복해서 미소를 짓도록 말이야."

"우와, 멋있다. 그럼 그동안 너는 어떤 발명품을 만들어 봤어?"

"음……. 아직 발명을 직접 해 보진 않았어."

모두가 실망한 표정이 되었지만 희망이는 더욱 가슴을 펴고 당당히 말했다.

"그러니까 동아리를 만들었지. 내가 아는 박사님 말로도 발명은 혼자 하는 게 아니랬어. 우리 머리를 맞대 같이 만들어 보자."

안해용은 여전히 희망이가 못 미더운지 입술을 삐죽이다 다른 친구들을 향해 몸을 돌려 물었다.

"그럼 여기서 발명을 해 본 적 있는 사람, 손 들어 봐."

아무도 손을 들지 않았다. 그러자 안해용이 툴툴거렸다.

"희망이 너, 뭐 준비한 게 있는 거야?"

"그럼, 당연하지."

아무것도 준비하지 못한 희망이는 속이 뜨끔했다. 희망이의 머릿속에 구세주처럼 E 박사가 떠올랐다.

"이티의 창립자인 박사님이 우릴 도와주실 거야."
"네가 이티의 창립자를 안다고?"
희망이는 친구들에게 E 박사를 만난 이야기를 들려주었다. 모두 희망이를 부러운 눈으로 쳐다보았다.
"그분은 내 롤모델이야. 꼭 만나 보고 싶었거든."
특히 궁구미가 희망이를 부러워했다. 의기양양해진 희망이는 E 박사와 자신만이 알고 있는 비밀을 술술 털어 놓고야 말았다.
"박사님은 특별한 노트를 가지고 있어. 궁금해하는 것을 보여 주기도 하고, 시공간 여행도 보내 주는 마법 노트야."
순간 정적이 흘렀다. 그리고 잠시 뒤 모두 웃기 시작했다.
"장난치지 마. 세상에 그런 게 어디 있어?"
아이들이 시크릿 발명 노트를 믿지 않자 희망이가 발끈했다.
"내가 직접 경험했다니까. 시크릿 발명 노트에 떠오른 사진도 보고 유명한 공학자들도 만났다고! 못 믿겠으면 박사님께 부탁해서 보여 줄게."
"진짜 있다면…… 나도 갖고 싶긴 하다."
마법을 믿지 않을 것 같은 안해용의 입에서 뜻밖의 말이 튀어나왔다. 다른 아이들도 내심 시크릿 발명 노트에 대해 궁금해했다.
희망이가 E 박사에게 전화를 걸자, 아이들은 잔뜩 기대에 부풀어 귀를 기울였다.

"여보세요? 박사님, 저 희망이에요. 제가 학교에서 발명 동아리를 만들었어요. 친구들하고 발명을 어떻게 하는지 하나하나 배우고 싶어요. 박사님, 도와주실 수 있으세요?"
E 박사는 기꺼이 승낙했다.

※

며칠 뒤, 미소 동아리 친구들은 E와 학교 근처 지하철역에서 만나기로 약속한 날이 되었다.
아이들은 소풍이라도 가듯 신이 나 경쾌하게 발걸음을 옮겼다.

숨은 발명 아이디어를 찾아라!

"여긴 그냥 지하철이잖아요?"

아이들은 실망한 얼굴로 E 박사를 바라보았다.

E 박사는 가장 먼저 창의적인 발명 아이디어를 내는 비법을 가르쳐 주겠다고 했다. 그 말에 아이들은 잔뜩 기대했는데 평범한 지하철 역사 안이라니. 실망이 이만저만이 아니었다.

"왜 지하철역이라고 해서 그렇게 실망하는 거지?"

E 박사는 미소 동아리 친구들에게 환하게 웃으며 말했다.

"등잔 밑이 어둡다고 특별한 아이디어는 우리 주변에서도 찾을 수 있어. 너무 실망하지 마."

그렇게 말한 E 박사는 마치 지하철에 처음 와 보는 사람처럼 호기심 가득한 표정을 지었다.

"지하철에서도 무궁무진한 발명 아이디어를 찾을 수 있을 거야."

E 박사는 먼저 표를 파는 자동 기계 앞에 아이들을 데려갔다.

"여기에는 어떤 발명 비법이 숨어 있을까?"

골똘히 생각하던 희망이가 말했다.

"아, 글쎄요. 박사님, 힌트 하나만 주세요."

"처음부터 너무 어려웠다. 힌트는 '있어야 할 것이 없다'야."

모두 의아한 듯 고개를 갸웃거렸다. 그때 궁구미가 감을 잡은 듯 손을 들고는 대답했다.

"파는 사람이 없어요."

"정답! 이 자동 기계는 역무원의 도움 없이 사람들이 스스로 표를 사도록 만든 거야. 일종의 '셀프 서비스'인 셈이지."

"그런데 왜 셀프 서비스가 발명 아이디어인 거예요?"

궁구미가 정말 궁금한 얼굴로 물었다. 그 질문을 듣자 희망이는 세상을 바꾼 발명이라고 했던 세탁기를 떠올렸다. E 박사 대신 희망이가 얼른 대답했다.

"노동력을 줄여 주니까. 사람이 해야만 하는 반복적인 일을 줄이기 위해 그것을 대신해 주는 기계를 만든 게 아닐까?"

"아, 희망아. 하나를 알려 주면 열을 깨닫는다더니."

E 박사가 대견한 얼굴로 희망이를 칭찬했다.

"그럼 자판기도 같은 원리겠네요?"

궁구미가 자판기를 가리키자 E 박사가 고개를 끄덕였다.

"맞아맞아. 같은 원리라고 할 수 있어."

이때 안나가 음료수를 사려고 돈을 꺼냈다. 이를 지켜보던 E 박사가 나직이 말을 했다.

"돈에도 발명 원리가 숨어 있어. 그게 뭘까?"

"돈에도요?"

"바로 '매개체를 이용하기'야. 돈 없이 물물 교환한다고 생각해 봐. 예를 들어 집만 한 얼음을 팔기 위해 제주도까지 가져가야 한다면 어떤 일이 벌어질까?"

"으악, 무거울 것 같아요."

"아니, 가다가 다 녹지 않을까요?"

"그래. 돈은 가치를 숫자로 보여 주는 매개체이지? 그래서 물건끼리 직접 교환해야만 하는 물물 교환의 문제를 해결해 줘."

"희망이도 매개체인가? 우리들 사이에서 다리 역할을 하잖아."

구세라의 말에 모두 크게 웃었다. 아이들은 발명 아이디어가 일상의 모든 분야에서 불편함을 줄이는 데 쓰일 수 있음을 깨달았다. E 박사와 아이들은 지하철을 타기 위해 아래로 내려갔다.

지하철을 기다리던 아이들은 자동으로 여닫는 스크린 도어를 보며 이번에는 서로 질문을 하고 대답했다.

"스크린 도어는 왜 필요한 걸까?"

"선로에 사람이 떨어지는 사고를 막기 위해서래."

"사고를 막는다? 그럼 여기에서의 발명 아이디어는 '예방하기'가 아닐까?"

"오, 정말 똑똑하군. 스크린 도어는 '사전 예방'이라는 발명 원리를 이용해서 만든 거란다."

E 박사가 환한 얼굴로 대답했다.

그때 갑자기 천장 스피커에서 시끄러운 소리가 났다. 곧 사방에 뿌연 연기가 차오르고, 사람들이 보관대에 비치된 방독면을 꺼내 쓰기 시작했다. 희망이와 친구들은 깜짝 놀라 겁에 질렸. 곧 소방복을 입은 사람들이 다가왔다.

"어디 불이 났나요?"

희망이가 물었다.

"아, 놀라지 마라. 이건 실제 상황이 아니라 소방 훈련을 하고 있단다."

"소방 훈련을 왜 하는 거예요?"

이번에는 궁구미가 물었다.

"사고가 났을 때 안전하게 대피하도록 일부러 불이 난 것처럼 해서 미리 연습하는 거란다. 그래야 실제로 불이 났을 때 당황하지 않고 대처할 수 있겠지?"

소방복을 입은 사람들은 아이들을 안심시키고 지나갔다.

"소방 훈련에도 발명 아이디어가 숨어 있어. 바로 '사전 반대 조

치'라는 방법이야."

E 박사의 말에 아이들은 헷갈려 하기 시작했다.

"박사님. 사전 예방과 사전 반대 조치의 차이가 뭐예요?"

안해용이 물었다.

"사전 예방은 그저 막는 거고, 사전 반대 조치는 막으려는 것을 반대로 이용하는 거야."

"어어, 이건 백신과 같은 원리인데?! 나쁜 것을 좋게 사용하는 게 사전 반대 조치이구나."

희망이가 흥분하며 알은체를 했다.

"사전 반대 조치라고 하니까 우리 아빠가 떠올라. 더위는 더위로 피한다면서 한여름에 찜질방에 가시거든."

안해용은 상상만으로도 더운지 고개를 흔들었다.

이내 훈련이 끝나고, 불빛을 쏘며 열차가 들어왔다.

열차에 탄 아이들은 숨은 발명 아이디어를 찾으려고 두리번거렸다. 이때 안나의 주머니에서 요란한 벨 소리가 들렸다.

"아, 학원 갈 시간에 알람을 맞춰 놓았거든."

안나가 스마트폰을 꺼내 알람을 껐다. 안나는 학원에 가는 게 싫다며 한숨을 쉬었다. 그러면서도 안나는 와이파이를 잡아 학원 홈페이지에서 시간표를 확인했다.

"알람도 되고, 전화도 되고, 인터넷도 되고……. 이 스마트폰에도 발명 아이디어가 숨어 있지 않을까?"

스마트폰을 유심히 보던 희망이가 질문을 했다.

"여러 기능을 합치는 방법 같아."

E 박사는 아이들의 날카로운 추측에 감탄했다.

"너희들 대단하다. 이제 척척이로구나. 그래 스마트폰은 여러 기능을 합친 '합치기'의 방법을 이용했지. 반대로 최소 기능만 쓰는 '나누기'의 방법도 있단다."

"학원에서도 합치기와 나누기를 찾을 수 있어요!"

궁구미가 장난스러운 미소를 지으며 말했다.

"여러 과목을 가르치는 종합반은 합치기, 단과반은 나누기예요."

궁구미의 재치 있는 답변에 E 박사는 박수를 쳤다.

모두가 웃고 있는데 희망이의 표정이 좋지 않았다. 구세라가 걱정스러운 듯 물었다.

"희망아 왜 그래? 무슨 고민 있어?"

"아……. 실은 행복을 주는 발명 아이디어로 무엇이 좋을까 해서. 점점 걱정이 되네."

그리고 보니 아이들은 무엇을 발명할지 아직 정하지 못했다. 발명 주제를 찾아야 한다는 생각을 하자 다들 골치가 아파 왔다.

모두 지하철에서 내리자 E 박사는 아래를 향해 손가락을 가리켰다.

"바닥을 보렴."

평평한 블록과 올록볼록 튀어나온 블록이 나란히 보였다.

"시각 장애인을 위한 점자 블록이야."

"그런데 왜 모양이 두 가지인가요?"

"동그라미 블록은 경고 표시, 직선 블록은 길을 안내하는 표시야. 여기에도 역시 발명 원리가 있어. 바로 '눈높이 맞추기'야."

"눈높이 맞추기요?"

"시각 장애인에게는 지팡이가 눈이라고 하잖아. 지팡이는 어디를 향하고 있지? 위일까, 아래일까?"

"에이, 위는 아니고 아래를 향하죠."

안해용이 대꾸했다.

"아, 그래서 시각장애인의 눈높이에 맞춰 바닥에 안내 표시를 한 거군요! 그래서 '눈높이 맞추기'고요."

희망이는 점자 블록의 발명 아이디어를 깨닫고는 흥분해 큰 소리로 말했다. 미소 동아리 회원들은 각자 발명 주제를 생각해 보고 내일은 희망이의 집에서 만나자고 약속을 한 뒤 헤어졌다.

혼자 남은 희망이는 주변을 둘러보았다. 오늘 하루를 보내면서 많은 생각이 들었다. 특히 평소에는 그냥 지나쳤을 사람들에게 뭔가 불편한 건 없을까 생각했다. 그리고 E 박사에게 배운 발명 아이디어를 적용하면 뭔가 발명을 할 수 있을 것만 같은 자신감이 생겼다.

'그렇게 고민을 거듭하다 보면 누군가를 도우면서 행복을 주는 발명을 할 수 있게 되지 않을까?'
희망이는 하고 싶은 발명의 방향을 어렴풋이 깨달아 가는 중이었다.

4장

발명, 실패해도 괜찮아요

행복한 공학자의

시크릿 발명 노트

미소 동아리의 첫 발명 도전

희망이의 집에 동아리 회원들이 옹기종기 모여 앉았다. E 박사도 참석했다. 희망이가 발명에 대한 조언을 해 달라면서 바쁜 E 박사를 초대한 것이다. 그런데 안해용이 연락도 없이 오지 않았다. 기다리다가 먼저 모임을 시작했다.

"다들 숙제해 왔지? 무엇을 발명하고 싶은지 아이디어를 내 보자."

희망이는 칠판에 서서 받아 적으려는 준비를 했다. 하지만 친구들은 서로 얼굴만 바라볼 뿐 선뜻 나서지 않았다.

"아무도 아이디어가 없는 거야?"

"첫 발명이니까 부담돼. 거창한 걸 만들어야 할 것 같고 말이야."

궁구미가 한숨을 쉬며 말했다.

"사실 구체적인 아이디어를 생각하지는 못했어."

희망이도 머리를 긁적였다.

"처음부터 욕심내지 말고 주변에서 아이디어를 찾는 게 좋단다."
E 박사가 아이들을 격려했다. 아이들은 그 말대로 가까운 곳부터 찾아보자고 생각했다. 우선 학교를 놓고 생각해 보기로 했다.
'뭔가 불편한 게 없나?'
아이들은 평소 무심히 지나쳤던 공간을 떠올렸다. 교실, 화장실, 식당 등 그동안 불편했던 곳은 없었는지 생각해 보았다. 그때 안해용이 도착했다. 그런데 목발을 짚고 들어서는 게 아닌가. 아이들은 깜짝 놀라 안해용에게로 몰려들었다.
"무슨 일이야?"
"아, 실은 가다가 길에 누가 버린 쓰레기를 못 보고 꽈당 넘어졌어. 도대체 누가 그런 걸 버리는 건지, 정말 예의 없지 않니?"
안해용이 툴툴거리며 말했다.
"목발은 또 왜 이렇게 딱딱한 거야. 계단 올라올 때 얼마나 힘들었다고."
희망이는 안해용이 가져온 목발을 유심히 쳐다보았다.
'변신 로봇처럼 목발이 자유자재로 변하면 편리하지 않을까?'
그때, 희망이에게 좋은 아이디어가 떠올랐다.
"바로 이거야! 계단을 쉽게 올라갈 수 있는 변신 목발을 만들자!"
첫 발명품으로 변신 목발을 만들자는 희망이의 의견에 모두 좋다며 입을 모았다.

> 발명품 "계단을 쉽게 올라갈 수 있는 목발"

희망이가 칠판에 크게 글씨를 썼다.
"발명품이 정해졌으니 모두 자유롭게 아이디어를 내 보자."
"각자 생각한 목발을 그림으로 표현하면 어떨까?"
안나가 눈을 반짝이며 말했다. 안나의 말에 아이들은 제법 진지한 표정으로 생각에 잠겼다. 손뼉을 탁 치며 그림을 그리는 아이가 있는 반면, 연필만 굴리는 아이도 있었다.
잠시 뒤 동아리 친구들 중 총 3명이 그림을 냈다. 궁구미가 먼저 발표를 하겠다고 손을 들었다.
"내 아이디어는 피노키오 목발이야. 코가 길어지는 피노키오에

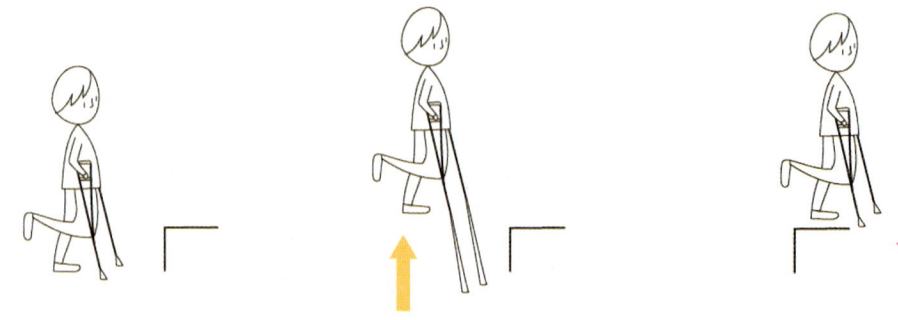

피노키오 목발

서 아이디어를 얻었어."

궁구미는 이어서 피노키오 목발의 특징을 설명했다.

"목발에 버튼을 달았어. 이 버튼을 누르면 목발 다리가 길어져서 높은 계단을 오르기가 쉬워."

"계단을 다 오른 다음엔 어떡해?"

안해용이 물었다.

"다시 버튼을 누르면 돼. 목발의 원래 길이로 돌아가게 만들거야."

궁구미가 어깨를 으쓱하며 대답했다. 다음은 구세라가 의견을 냈다.

"내 아이디어는 바람개비 목발이야. 목발의 다리에서 날개가 나와 회전하는 원리야."

세라 역시 발명 아이디어의 특징을 설명했다.

바람개비 목발

"피노키오 목발처럼 이것도 버튼이 달렸어. 계단에서 버튼을 눌러 날개를 꺼내면 돼."
"날개가 있으면 뭐가 좋은데?"
희망이가 물었다.
"계단을 오를 때 회전하는 날개 힘 때문에 사람이 힘을 덜 들일 수 있어."
마지막으로 희망이가 의기양양하게 손을 들었다.
"내 아이디어는 탱크 목발이야. 원래 탱크의 바퀴는 장애물을 쉽게 넘을 수 있도록 만들어졌어. 그래서 이 목발의 다리에도 탱크 바퀴를 달면 계단도 쉽게 오를 수 있을 거야."
"TV에서 본 적 있어! 울퉁불퉁한 땅에서도 탱크가 거침없이 나아가는걸."

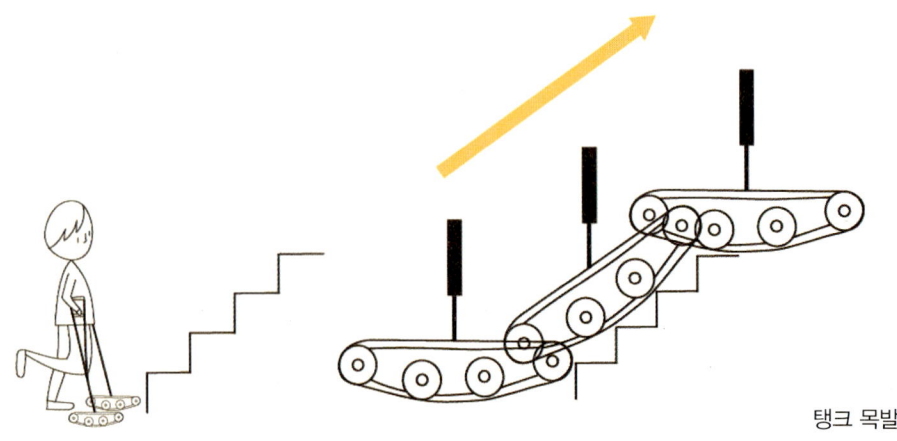

탱크 목발

안해용이 신이 나서 말했다.

"그럼 계단 정도야 문제도 아니겠네."

발표를 마친 동아리 친구들은 대단하다며 서로를 칭찬했다.

안나는 친구들의 그림을 칠판에 나란히 세워 놓으며 말했다.

"미소 동아리의 첫 발명품으로 하나를 선택해 보자."

막상 하나를 선택하려고 하니 어려웠다. 모두 고민에 빠져 있는데 안나가 해용이에게 물었다.

"해용아, 네 생각은 어때? 네가 실제로 쓴다고 생각하고 무엇이 더 괜찮을지 의견을 말해 봐."

모두 숨죽이고 안해용을 바라보았다.

실패는 성공의 어머니

친구들의 그림을 살펴보던 안해용의 눈매가 날카로워졌다.
"피노키오 목발은 문제가 있어. 버튼을 눌러 막대기를 꺼내려면 모터가 필요하잖아? 사람을 들어 올릴 정도라면 큰 모터를 달아야 하는데 그럼 목발이 너무 무거워지지 않겠어?"
안해용의 비판에 궁구미가 고개를 푹 숙였다.
"바람개비 목발도 그래. 바람개비의 날개 크기와 계단의 높이가 다르면 더 불편해질 거야. 균형을 잃고 넘어질 위험도 있어."
안해용의 말에 구세라의 얼굴 또한 하얘졌다.
"탱크 목발은 더 문제야."
안해용의 말에 희망이도 긴장했다.
"탱크 바퀴는 다른 목발들과 다르게 필요할 때만 꺼내 쓸 수 없잖아. 좁은 곳을 지날 때 탱크 바퀴가 걸릴 수 있어 불편할 거야."

논리적으로 비판하는 안해용의 말에 아무도 반박하지 못했다.
가만히 지켜보던 E 박사는 안해용의 분석을 칭찬했다.
"해용이가 아주 예리하게 분석했구나. 정말 훌륭해."
하지만 아이디어를 낸 아이들은 야심차게 도전한 첫 발명품의 단점을 알게 되어서 그런지 시무룩한 표정을 지었다.
"실패했다고 실망할 것까진 없어."
E 박사가 부드러운 목소리로 아이들을 다독였다.
"발명의 역사에 얼마나 많은 실패 사례가 있다고."
E 박사가 시크릿 발명 노트를 펼쳐 들었다.
"이게 희망이가 말한 마법의 노트로군요."

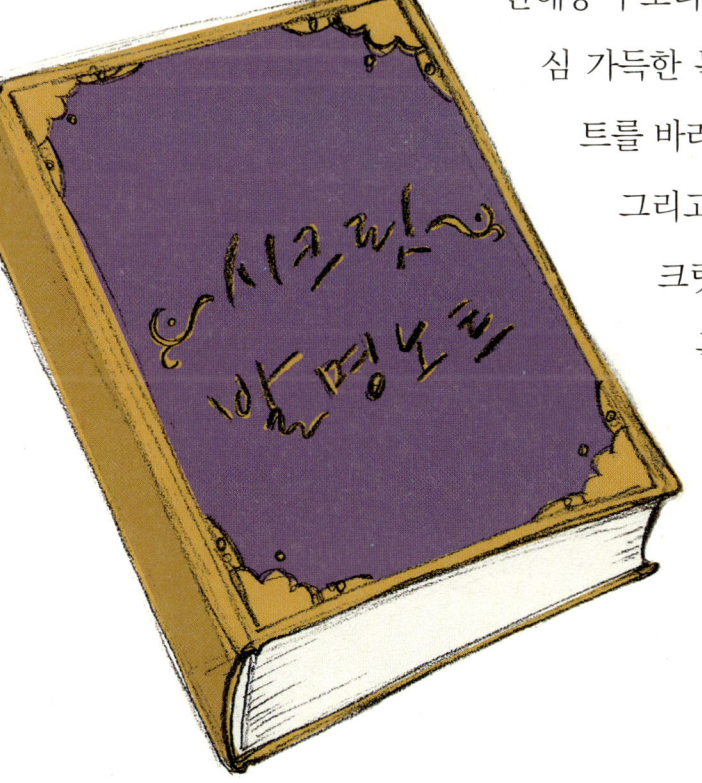

안해용이 소리치자 아이들 모두 호기심 가득한 눈으로 시크릿 발명 노트를 바라보았다.

그리고 설레는 표정으로 시크릿 발명 노트가 이번에는 무엇을 보여 줄지 조용히 기다렸다.

발명 역사에서 돌아보는 실패 사례

곧 시크릿 발명 노트에 사진이 떠올랐다. 아이들은 일제히 '우와!' 하고 소리쳤다.

"아이들이 놀면서 지하수를 끌어올릴 수 있게 만든 수동 펌프(play pump)야. 전기가 부족한 나라에 꼭 필요한 기술이지."

"재미있겠다!"

구세라가 흥미를 보였다.

"하지만 아이들이 하루 종일 놀이 기구를 돌려야 해서 학교에 가지 못하는 문제가 생겼어. 그래서 결국은 주민들에게 외면을 받았지."

미소 동아리 친구들은 온종일 놀이 기구를 타는 상상을 해 보았다. 머리가 어지러웠다. 잠깐이면 모를까 매일 놀이 기구를 타면 금방 시들해질 것 같았다.

"실패를 막는 첫 번째 방법은 '사용자의 입장이 되어 보기'야."

시크릿 발명 노트에 이번에는 다른 사진이 떠올랐다. 개인용 컴퓨터인 최초의 PDA였다.

"이거 알아. 스티브 잡스 아저씨네 회사에서 만든 PDA야."

희망이가 호들갑스럽게 알은체를 했다.

"그런데 안타깝게도 시대를 앞서간 나머지 팔리지가 않았단다."

"시대를 앞서갔는데 왜 팔리지 않았을까요?"

희망이가 진지하게 물었다.

"그건 당시에 PDA 가격이 너무 비싸기도 했고, 많은 사람들이 필요성을 느끼지 못해 쓰지 않았다는 게 함정이었지."

"너무 앞서가는 것도 때론 아쉬운 일이네요."

희망이의 말에 다들 안타까운 표정을 지었다.

"실패를 막는 두 번째 방법은 '수요 찾기'야. 필요해서 사려고 하는 마음을 수요라고 해."

E 박사는 발명품이 외면받지 않으려면 사람들의 수요가 어디에 있는지 찾아야 한다고 강조했다. 그리고 미소 동아리 회원들을 따뜻하게 격려했다.

"실패는 성공의 어머니야. 중요한 건 실패의 원인을 공부해서 다시 도전하면 되는 거지."

미소 동아리 회원들은 비록 실패를 했지만 이를 통해 발명가에게 필요한 태도를 배운 것이다.

"그래, 다시 도전하면 돼! 우리 밖으로 나가 사람들을 직접 만나 보고 발명 아이디어를 찾아보자."

아이들은 단단히 각오하고는 외출 준비를 했다. 그때, 거실에서 비명 소리가 들렸다.

외로운 자몽이를 돕고 싶어

화장실에 가려고 거실로 나갔던 구미가 겁에 질린 얼굴로 뛰어들어왔다.
"희망아, 너희 집에 도둑이 든 것 같아!"
"뭐…… 뭐라고?"
모두 거실로 나가 보니 사방에 옷과 양말이 널브러져 있었다. 놀란 희망이가 부모님께 알리기 위해 전화기 쪽으로 달려갔다.
희망이 막 전화기를 들어 올리려는 순간, 구석에서 무언가 바스락거리는 소리가 났다. 자세히 살펴보니 강아지 자몽이가 희망이의 양말을 물어뜯고 있었다. 범인은 바로 자몽이었던 것이다.
"자몽이 이 녀석, 너 왜 이렇게 말썽을 피워!"
화가 잔뜩 난 희망이가 자몽이를 혼냈더니 자몽이는 풀이 죽어 낑낑 신음 소리를 냈다.

"에이, 강아지가 다 그렇지. 우리 집 개도 그래."

안해용이 한마디했다.

"혼자 있으면 사람이나 동물이나 심심하지 않겠어?"

안해용의 날카로운 지적에 희망이는 자몽이를 돌아보았다. 자몽이의 눈가가 촉촉하게 젖어 있는 것이 마치 희망이 보고 나가지 말라고 말하는 것 같았다.

"우리까지 나가면 외로울까 봐 그랬구나."

안나가 측은한 듯 자몽이의 털을 쓰다듬었다. 이때 세라가 눈을 반짝이며 손뼉을 쳤다.

"좋았어! 자몽이를 위한 발명품을 만들자."

"뭐, 자몽이를 위한 발명품?"

희망이가 눈이 동그래져서 되물었다.

"그래. 동물 또한 사회적 약자라고 했잖아."

세라의 말에 너도나도 의견을 보탰다.

"그래, 행복을 위한 발명이 꼭 거창할 필요는 없지. 가까운 곳부터 행복을 만들어 보자."

"마침 집에서 동물을 키우는 사람들이 많이 늘어나서 수요가 있을 거야."

"맞아. 수요가 있으면 실패하기 어렵다고 했잖아."

너도나도 자몽이를 돕자고 나선 것이다. 친구들의 의견에 희망이도 고개를 끄덕였다.

'이번에는 실패하지 않을 거야.'

희망이와 친구들은 주먹을 불끈 쥐었다.

"박사님! 집에 혼자 있는 동물들을 위한 발명을 하고 싶어요."

희망이와 친구들이 E 박사를 둘러싸고 섰다.

"저희가 실패하지 않도록 도와주세요!"

"기특한 생각이구나. 하지만 어렵다고 중간에 포기하기 없기다!"

"저희를 믿어 주세요 박사님. 우리 모두 각오 단단히 했거든요. 절대 포기하지 않을 거예요."

E 박사는 초롱초롱한 눈망울로 자신을 바라보는 아이들에게서 진심을 느꼈다.

"좋아, 그렇다면 이번에는 완성을 넘어 특허까지 도전해 보자"

"특……허요?! 저희가 특허를 낸다고요?"

"겁먹지 마. 차근차근 날 따라 하면 되니까."

E 박사가 생긋 웃으며 시크릿 발명 노트를 펼쳤다.

5장

발명의 5단계를 익히고 특허에 도전해 볼까요?

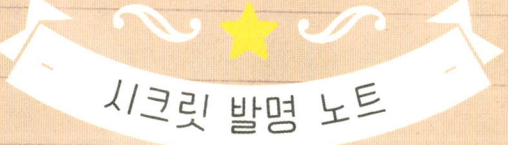

도전, '화상 전화기가 달린 사료 기계' 만들기

"우선 발명의 5가지 단계를 기억해 보자꾸나."
E 박사의 말이 끝나기가 무섭게 시크릿 발명 노트에 글씨가 차례대로 떠올랐다.

1. 공감하기
2. 문제 정하기
3. 아이디어로 해결 방법 찾기
4. 시제품 만들기
5. 실험하기

"강아지에게 젓가락을 주는 게 좋을까?"
E 박사가 엉뚱한 질문을 했다.
"강아지는 손가락을 쓸 수 없는데 젓가락을 어떻게 써요?"

희망이의 대답에 아이들이 모두 웃었다.

"바로 그거야. 만드는 사람이 아니라 쓰는 사람의 입장에서 무엇이 문제인지를 느껴야 해. 그래서 발명의 첫 번째 단계는 바로 '공감하기'지."

아이들의 얼굴에서 웃음기가 거두어졌다.

"두 번째 단계는 문제를 정확하게 정하는 거야. 만약 강아지가 좋아하는 것인데 잘못 이해하고 그것이 문제 있다고 착각하게 되면 곤란하겠지."

E 박사의 말에 아이들은 일제히 고개를 끄덕였다.

"세 번째는 창의적인 아이디어를 내고 해결책을 찾는 단계야."

아이들은 앞에서 지하철을 탐방했던 것을 기억했다. 그리고 E 박사에게 배운 창의적인 발명 원리들을 하나하나 떠올렸다.

"네 번째 단계는 발명품의 뼈대 즉, 시제품을 만드는 거야."

"시제품이 뭐예요?"

구미가 물었다.

"시제품은 완성품을 만들기 전에 가볍게 만들어 보는 단계라고 할 수 있지."

"우와, 머릿속이나 그림으로 그린 아이디어를 직접 만들어 보면 더 실감날 것 같아요!"

구미가 환하게 웃으며 말했다.

"다섯 번째는 사용자에게 실험을 한 뒤 무엇이 부족한지 보완점을 찾는 단계야."

E 박사의 말에 아이들은 목발의 실패를 떠올렸다. 동시에 안해용에게 받았던 뼈아픈 지적도 떠올랐다. 덕분에 사용자의 의견이 얼마나 중요한지를 깨달은 경험이었다.

"자몽이를 위한 발명을 하고 싶다고 했지? 그럼 먼저 자몽이의 입장이 되어 보렴."

아이들은 E 박사의 조언대로 발명의 5단계를 따라 발명품을 만들기로 했다.

공감하기

아이들은 한참동안 자몽이만 바라보았다. 생각과 달리 말이 통하지 않는 자몽이가 겪는 문제를 알아내기는 쉽지 않았다.

"자몽아, 너는 우리가 어떻게 해 줬으면 좋겠니?"

답답함을 참지 못하고 궁구미가 자몽이에게 말을 걸었다. 그 말에 안해용이 어이없다는 듯 핀잔을 주었다.

"그만둬. 말을 해 봤자 자몽이가 알아들을 리 없잖아."

이때 갑자기 희망이가 네발짐승처럼 팔다리로 걷기 시작했다. 그런 희망이를 보고 다들 웃음을 터뜨렸다.

EASY IT 행복한 공학자의 시크릿 발명 노트

"희망아, 너 왜 그래? 바보 같아 보여."
세라가 희망이를 말렸다.
"오늘 나는 자몽이가 되어 볼 거야."
희망이는 자몽이를 이해하기 위해 똑같이 따라 한다고 말했다.
아이들은 희망이의 눈물겨운 노력에 감탄을 보냈다.
"희망이 너 변한 것 같아. 잘난 척만 하는 줄 알았는데."
안해용이 진짜 놀랍다는 듯 말했다.
희망이가 자몽이의 입장이 되어 하루를 보내기로 하고, 친구들은 희망이 근처에 카메라를 설치해 두고 방에 들어가 이 모습을 관찰하기로 했다.
홀로 남은 희망이는 벌러덩 드러누웠다. 처음에는 편했지만 시간이 지날수록 점점 몸이 근질근질해졌다. 희망이는 컴퓨터를 물끄러미 바라보았다. 강아지니까 심심해도 게임을 하거나 책을 읽을 수 없을 것이다. 문을 열고 놀러 나갈 수도 없으니 답답하기 그지없었다. 곧이어 배가 고프기 시작했다. 욕구는 있어도 할 수 있는 게 하나도 없으니 마치 시간이 멈춰 있는 기분이었다.
잠시 뒤 실험을 마친 희망이는 지친 얼굴로 방문을 열고 들어갔다. 친구들이 진심을 다해 박수를 쳐 주었다. E 박사도 희망이를 칭찬했다.
"정말 수고했어, 희망아. 이제 다음 단계로 넘어가 보자."

문제 정하기

미소 동아리 회원들은 희망이에게 이것저것 묻기 시작했다.
"가장 불편한 게 뭐였어?"
"심심할 때 어땠어?"
"강아지 입장에서 뭐가 가장 필요하다고 느꼈어?"
잠시 뒤, 희망이와 친구들은 토론을 거듭하며 문제를 정리했다.

- 혼자 있는 자몽이는 외롭고 심심하고 배고프다.
- 오랜 시간 혼자 있으면 장난감이 있어도, TV를 틀어 주어도 주인과 대화하고 싶을 것이다.
- 그런데 주인이 보고 싶어도 동물인 자몽이가 직접 할 수 있는 게 별로 없다.

필기를 마친 아이들은 E 박사에게 이구동성으로 물었다.
"다음은 해결책을 찾을 차례죠?"
E 박사는 대답 대신 아이들을 향해 엄지를 척 들어 올렸다.

아이디어 내기

희망이와 친구들은 해결책을 찾을 수 있는 발명 아이디어를 정리해 발표하기로 했다. 먼저 희망이가 앞장섰다.

"내가 자몽이가 되었을 때 무엇보다 배가 고프니까 가장 서럽더라. 사료가 나오는 기계가 있으면 어떨까?"

안해용이 끼어들었다.

"나는 평소 간식을 주면서 강아지와 자주 놀거든. 먹으면서 주인과 같이 노는 기계를 만들고 싶은데."

두 사람의 아이디어를 듣고 나머지 아이들은 생각에 잠겼다. 잠시 뒤 궁구미가 입을 열었다.

"멀리 떨어진 주인과 동물이 놀려면 서로를 보는 장치가 있어야 할 것 같아."

"화상 전화는 어때? 우리 부모님은 출장 가시면 꼭 화상 전화를 거시거든."

세라가 아이디어를 냈다.

"사료 나오는 기계에 화상 전화기를 합친다? 합치기의 발명 아이디어를 이용할 수 있겠다."

궁구미의 결론에 아이들은 좋은 생각이라며 서로 손뼉을 마주쳤다.

"그런데 한 가지 문제가 있어."

안해용의 말에 모두 고개를 들었다.

"강아지는 붉은색과 초록색을 구별하지 못하는 색맹이야."

"그게 무슨 상관이야?"

안나가 되물었다.

"강아지가 볼 수 있는 모니터가 필요해. 사용자의 눈높이를 맞추라는 발명 원리를 배웠잖아."

"강아지가 볼 수 있는 모니터는 내가 구해 주지."

E 박사가 앞으로 나서며 말했다.

"그리고 동물이 사람에게 전화하는 건 어때? 역발상으로!"

구미가 소리쳤다. 아이들은 엉뚱하고 기발한 궁구미에게 역시 궁구미답다며 웃음을 지었다. 아이들은 저마다 들떠서 떠드느라 정신이 없었다.

"잠깐!"

E 박사의 외침에 아이들은 웃음을 멈췄다.

"기존에 나와 있는 아이디어를 찾아봐야 해. 비슷한 발명품이 이미 있다면 소용이 없으니까."

E 박사의 조언대로 아이들은 정보를 검색하기 시작했다. 실제로 인터넷에는 관련되거나 비슷해 보이는 상품 사진이 쏟아져 나왔다. 대개 사료가 나오는 자동 급식기의 형태였다.

아이들은 금세 풀이 죽었다.

"실망하지 마. 기존 발명품에서 풀지 못한 문제점들을 해결하자."

E 박사의 말에 아이들은 다시 꼼꼼히 시장에 나온 상품들을 살폈다. 그중에서 통신을 이용한 두 가지 상품이 눈에 띄었다.

하나는 동물이 스피커로 주인의 소리를 듣게 만든 것이었다. 그리고 다른 하나는 주인이 카메라로 동물을 보게 만든 것이었다.

"동물이 주인을 보거나 대화할 수는 없네."

안해용의 말에 희망이가 대꾸했다.

"그럼 우리는 개가 주인을 보고 주인에게 연락도 할 수 있는 기계를 만들자."

미소 동아리 회원들은 상의를 거듭한 뒤 해결책을 찾았다. 발명품의 이름도 지었다. 바로 '화상 전화기가 달린 사료 기계'였다.

시제품 만들기

"필요한 재료는 무엇일까?"

희망이의 질문에 아이들은 차근차근 의견을 모아 갔다.

"화상 대화를 위해 화면과 소리가 나오는 모니터가 필요해."

"사료를 넣을 통이 있어야 해."

"동물이 주인에게 전화를 걸 버튼이 필요해."

"밖에 있는 주인과 집 안에 있는 동물을 연결하는 통신 장치가 필요해."

희망이와 친구들은 나온 의견을 토대로 설계도를 만들기로 했다. 그리고 재료를 어떻게 배치해 만들지 순서를 상의했다.

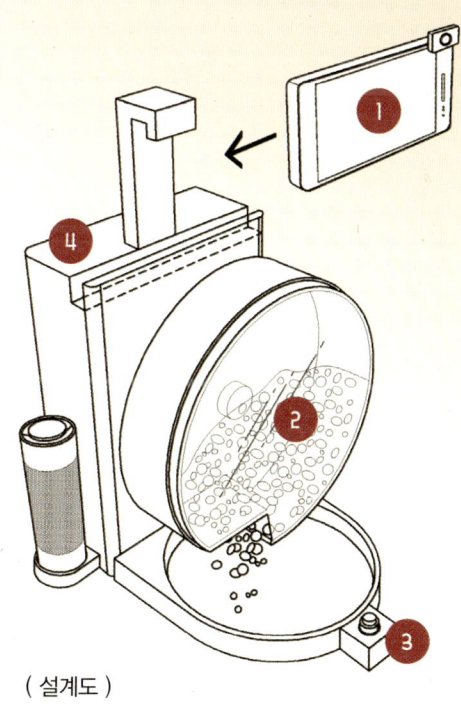

1. 모니터는 색맹인 개가 볼 수 있는 것으로 준비한다.
2. 사료통은 원통 모양으로 만들어 회전하면서 적당한 양이 나오게 한다.
3. 전화 버튼은 강아지의 발이 닿을 수 있게 바닥에 설치한다
4. 뒤에 설치한 통신 장치는 인터넷으로 집과 바깥세상이 연결되게 만든다.

(설계도)

설계도를 완성하자, 본격적으로 시제품을 만들 재료를 준비하기로 했다. 희망이와 친구들은 재료 준비를 위해 한참을 토론했다. 하지만 쉽게 결론이 나지 않았다. 조용히 기다리던 E 박사가 끼어들었다.

"사료통은 3D 프린터로 출력해 봐."

"3D 프린터가 뭐예요?"

희망이가 물었다.

"일반 프린터가 평면인 종이를 인쇄하는 거면, 3D 프린터는 입체적인 물건을 뽑는 프린터야."

"물건을 만든다고요?"

안해용이 믿을 수 없다는 듯이 물었다.

"물론이지. 3D 프린터로 집, 자전거뿐만 아니라 음식도 만들 수 있는걸."

아이들의 눈이 동그랗게 커졌다. 프린터로 물건까지 만들다니 신기할 따름이었다. E 박사는 곧 학생들이 3D 프린터를 무료로 사용할 수 있는 과학관으로 희망이와 친구들을 데려갔다.

잠시 뒤 3D 프린터에서 아이들이 생각한 모양의 사료통이 나왔다. 아이들은 탄성을 질렀다.

아이들은 사료통에 모니터와 전화 버튼을 달고, 뒤에는 통신 장치를 달았다. 드디어 시제품이 완성되는 순간이었다.

희망이가 떨리는 마음을 가라앉힌 뒤 시제품의 전원을 켰다.

"얏호!"

다들 환호성을 질렀다. 시제품이 정상적으로 작동했던 것이다. 희망이와 친구들은 난생 처음 자신들의 손으로 만든 발명품을 신기한 얼굴로 바라보았다.

"자몽이에게 시험해 볼까?"

희망이의 제안에 모두 고개를 끄덕였다.

테스트하기

희망이는 거실에 조심조심 시제품을 놓았다. 예상대로 자몽이가 코를 킁킁거리며 관심을 보였다. 통신이 되는지 확인하기 위해 희망이와 친구들은 집 밖으로 나갔다. 곧이어 희망이는 떨리는 마음으로 스마트폰의 화면을 틀었다. 화면에 자몽의 모습이 보이고 소리가 들렸다.

"사료를 줘 보자."

구세라가 빨리 해 보자며 재촉했다. 희망이는 차분히 원격 버튼을 눌렀다. 사료가 막힘없이 잘 나오는 게 보였다. 하지만 자몽이는 가까이 다가가긴 했어도 사료를 먹지는 않았다.

"자몽! 양말 물어 와."

희망이는 자몽이와 하던 놀이를 생각했다. 그러자 자몽이가 잽싸게 양말을 가져오더니 희망이를 향해 꼬리를 흔들었다.

"잘했어."

희망이는 자몽이를 칭찬하면서 다시 사료 버튼을 눌렀다. 잠시 뒤 드디어 자몽이가 음식을 먹기 시작했다. 아이들이 다시 한 번 환호했다. 처음에는 조금 어색해하긴 했지만 이내 좋아하는 자몽이의 모습에 아이들은 뿌듯함을 느꼈다.

"어, 희망아?"

이때 누군가 희망이를 불렀다. 골목 저쪽에서 아영이가 걸어오고 있었다.

"다 같이 모여서 뭐해?"

"발명품을 만들었어."

아이들이 일제히 아영이에게 발명품을 자랑했다.

"동물을 위한 발명이라니 대단하다. 나도 새로운 발명품을 만들었어. 발명품 경진 대회에 출품할 거야. 너네는?"

아영이의 말에 모두가 멈칫했다. 발명품 경진 대회를 잠시 잊고 있었다. 다들 머뭇거리는데 구세라가 쾌활한 목소리로 외쳤다.

"우리도 해 보자!"

"그래, 도전해 보자."

궁구미도 한마디 더 보탰다.

모두 희망이를 바라보았다. 희망이 역시 곧 고개를 끄덕였다. 발명품 경진 대회를 향한 미소 동아리의 첫 도전이 시작된 것이다.

미소 동아리, 발명품 경진 대회에 출품하다

"얘들아! 기쁜 소식이 있어!"
구세라가 호들갑을 떨며 뛰어왔다.
"아영이가 참가한다는 발명품 경진 대회는 이티에서 주관하는 두 번째 대회래."
"그래서?"
안해용이 애써 시큰둥하게 반응했다.
"아이참, 우리한테 유리한 거잖아. 박사님은 이티의 창립자니까 우리를 도와주실 거 아냐. 그렇죠, 박사님?"
안나가 박사님을 쳐다보며 말했다. 아이들 모두 E 박사가 도와줄 것이라는 생각에 잔뜩 들떴다.
"미안하지만 나는 심사에서 빠질 거란다."
"네?!"

다들 의아하다는 듯 E 박사를 쳐다보았다.

"형평성을 위해서라도 그게 맞겠지? 이번 대회는 너희들 스스로의 힘으로 해 보렴."

예상 밖의 말에 아이들은 당황했다. E 박사는 곧 그 자리를 떠났다. 어쩔 줄 몰라 하는 친구들 사이에서 희망이 힘주어 말했다.

"지금까지 잘 배웠잖아. 이제 진정한 우리 실력을 보여 줄 때야."

희망이가 의연한 모습을 보이자 분위기가 차분해졌다.

"그래, 우리끼리 힘을 합쳐 홀로서기를 해 보자."

자신감을 되찾은 아이들은 머리를 맞대고 발명품을 알리는 글을 정성껏 써 대회에 제출했다.

※

며칠 뒤 서류가 통과됐다는 소식이 왔다. 하지만 기쁨도 잠시, 면담 심사를 준비하라는 안내에 아이들은 막막해졌다.

"발표를 해야 하는 거지? 심사 위원들 앞이면 떨릴 것 같아."

구세라가 떨리는 목소리로 말했다.

"희망이가 동아리 회장이니까 대표로 발표하는 게 어때?"

안나의 제안에 다들 동의를 했다. 희망이 또한 대표로 서는 일이 부담스러웠지만 친구들을 위해 최선을 다하겠다고 다짐했다.

드디어! 면담 심사의 날. 심사장 앞에 모인 여러 참가자들 중 아영이의 모습이 보였다. 희망이와 아영이의 눈이 마주쳤다. 둘 사이에는 묘한 긴장감이 흘렀다. 곧 희망이가 활짝 웃으며 아영이에게 격려를 보냈다.

"아영아. 너무 긴장하지 마. 너는 잘 해낼 거야."

"허걱. 희망이 네가 웬일이야?"

희망이의 갑작스러운 칭찬에 아영이는 얼떨떨한 표정이었다.

"그래. 얼마 전만 해도 너를 질투했었어. 하지만 이제 질투하지 않아. 누구에게든 배울 점은 있다는 걸 깨달았어."

아영이는 의외라는 표정으로 희망을 바라보았다.

곧 아영이 차례가 돼 먼저 심사실로 들어갔다. 그리고 잠시 뒤, 아영이는 자신감 넘치는 표정으로 걸어 나왔다.

"표정을 보니 잘 끝냈나 보구나. 내가 뭐랬어. 잘할 거라고 했지?"

희망이는 긴장되는 심사를 마치고 나온 경쟁자에게 따뜻한 격려를 건넸다.

"희망아, 미안하다. 그동안 내가 널 오해했던 것 같아. 네 말처럼 앞으로 우리 선의의 경쟁자가 되자. 그런 의미에서 면담 심사를 잘 보는 요령 하나 알려 줄까?"

"요령?"

"외운 것을 읽는 일은 하지 마. 그저 너와 네 친구들의 진심을 전달하려고 노력하면 좋은 결과가 있을 것 같아."

"아, 정말 고마워 아영아."

'진심을 전달하라.'

희망이는 아영이가 남긴 말을 머릿속으로 곱씹었다.

드디어 미소 동아리의 차례가 되었다. 친구들의 응원을 뒤로하고 희망이는 심사실 안으로 걸음을 옮겼다. 그리고 긴장된 마음을 안고 심사 위원 앞에 섰다.

"안녕하세요. 미소 동아리의 발명품을 발표하겠습니다. 발명품 이름은 '화상 전화기가 달린 사료 기계'입니다."

희망이는 심사 위원을 하나하나 바라보았다. 표정이 사뭇 딱딱했지만 주눅 들지 않고 조심조심 준비한 말을 이어 나갔다.

"저희 동아리의 발명 동기는 제 가족인 강아지 자몽이 때문이었습니다. 자몽이는 평소에는 얌전한데 식구들이 없을 때는 스트레스를 받아서 이상 행동을 합니다. 이처럼 많은 사람들이 반려 동물을 키우지만 집에 혼자 두고 외출하는 경우가 많아 동물이 외로워합니다. 미소 동아리는 그 해결책으로 멀리 떨어져 있어도 반려 동물이 주인과 교감하며 먹이를 먹고 놀 수 있는 장치를 생각했습니다."

잠시 숨을 돌린 희망이는 곧 설명을 이어 나갔다.

"먼저 저희가 생각하는 것과 비슷한 것이 나와 있는지를 알기 위해 기존 발명품을 찾아보았습니다. 사료가 나오는 제품은 시장에 이미 많이 있었어요. 그래서 통신을 이용한 기계를 다시 조사했습니다. 스피커를 달아서 주인이 동물에게 말을 걸고, 카메라를 달아서 주인이 동물을 보는 제품을 찾았습니다.

저희는 기존 발명품과의 차별점을 고민했습니다. 기존 발명품은 사람 중심의 기계입니다. 하지만 미소 동아리는 동물 중심의 기계를 만들기로 했습니다.

여기서 저희는 몇 가지의 창의적인 아이디어를 이용했습니다. 우선 동물이 주인에게 전화를 건다는 역발상입니다. 그리고 색맹인 동물의 눈높이에 맞춰 동물이 보는 모니터와, 발로 누르는 전화 버튼을 사용한다는 것입니다."

희망이는 시제품을 심사 위원들 앞에서 보여 주었다.

"재료는 사료통, 모니터, 전화 버튼, 통신 장치를 이용했습니다." 희망이가 시제품의 전원을 켰다. 그러자 자몽이의 모습이 화면에 비쳤다. 뒤이어 희망이는 발명품의 사용법을 보여 주었다. 심사 위원들은 희망이와 자몽이가 노는 모습과 자몽이가 사료를 먹는 모습을 차례로 보았다.

"마지막으로 저희가 원했던 기대 효과를 말씀 드리겠습니다. 화상 전화기가 달린 사료 기계는 혼자 있는 동물의 외로움을 덜어 줄 것입니다. 주인도 이 기계 덕분에 사회생활을 할 수 있습니다. 결국 저희의 발명품은 동물과 사람이 함께 행복해지는 세상을 만들 것입니다. 이상 미소 동아리의 발표를 마치겠습니다."

희망이는 마지막까지 진심을 다해 설명했다. 설명이 끝나자 침묵이 흘렀다. 작은 움직임조차 없던 심사 위원들이 곧이어 고개를 끄덕이기 시작했다.

잠시 뒤, 희망이가 심사장 문을 열고 나왔다. 미소 동아리 친구들이 그의 곁으로 뛰어왔다.

"수고했어."

"얼마나 떨렸니."

"최선을 다했을 거야 희망이는."

친구들은 위로의 말을 한마디씩 전하면서 잔뜩 긴장해 있던 희망이를 꼭 안아 주었다. 그리고 서로에게 수고했다는 말을 전했.

어느새 E 박사가 도착했다.

"모두 잘했어. 이제 결과를 기다리는 일만 남았구나. 그사이에 우린 특허에 도전해 보자."

특허를 등록해 볼까?

"특허를 받으려면 발명이 갖추어야 할 조건이 있어."
E 박사는 손가락 하나하나 펼치며 설명을 이어 갔다.
"첫째, 새로운 발명이어야 해. 둘째, 만약 기존의 발명과 비슷하더라도 독특한 생각을 덧붙여 발전시킨 것이어야 해. 셋째, 실제로 만들어 산업에 쓸 수 있어야 해."
궁구미가 고개를 갸웃거리며 E 박사에게 물었다.
"그런데 특허를 어디서 받나요 박사님?"
"특허청에서 특허를 내줘."
"특허를 받으면 무엇이 좋은데요?"
"특허는 발명가의 권리를 보호해 줘. 특허 덕분에 다른 사람이 발명품을 사용하려면 발명한 사람에게 대가를 지불해야 하거든."
희망이와 친구들의 눈이 반짝였다.

"만약 저희도 특허를 받으면 돈을 벌 수 있는 거예요?"

안해용의 물음에 E 박사가 머리를 쓰다듬었다.

"그럼. 특허를 받으면 너희들도 어엿한 발명가란다."

아이들은 환호성을 질렀다.

"박사님. 특허를 등록하는 방법을 알려 주세요!"

희망이가 말했다.

(특허 출원서)

"먼저 특허 출원서를 준비해야해. 특허 출원서는 발명에 대한 내용을 문서로 작성한 거야. 그런데 그 전에 명심해야 할 게 있어. 이미 같은 특허가 있는지 알아야 해."

"같은 게 있으면 소용없으니까요?"

구세라가 자신 있는 목소리로 말했다.

"특허정보원에서 운영하는 사이트에서 관련 특허를 찾아볼 수 있어. 너희들의 발명품과 비슷한 특허가 있는지 함께 살펴볼까?"

E 박사와 아이들은 검색을 시작했다. 다행히 화상 전화기가 달린 사료 기계는 나와 있지 않았다.

"확인해 보니 너희들이 발명한 발명품은 나와 있지 않구나. 이럴

경우 특허 출원서를 작성하면 돼. 온라인 사이트에 완성된 특허 출원서를 등록하고, 심사를 거쳐서 특허를 인정받아."
희망이와 친구들은 그 과정이 복잡해 보여 겁이 덜컥 났다.
"직접 등록하기 어렵다면 다른 사람의 도움을 받을 수도 있어."
쭈뼛거리는 아이들을 보며 E 박사가 힘차게 말했다.
"특허를 도와주는 전문가를 '변리사'라고 해. 특허 출원서를 제출했다고 다 통과되는 게 아냐. 매의 눈으로 살피는 특허 심사관이 있거든. 까다로운 심사를 통과할 수 있도록 변리사가 도와줘."
"공짜로요?"
궁구미가 물었다.
"아니, 변리사에게 돈을 내야 하는데 그 비용이 꽤 비싸단다."
꽤 비싸다는 말에 아이들은 기가 죽었다. 실망한 아이들을 보고 E 박사가 웃으며 말했다.
"걱정하지 마. 무료로 특허를 등록할 수 있는 방법도 있으니까. 대한변리사회 소속 변리사가 무료로 도와주는 무료 변리 제도가 있단다."
E 박사의 설명에 안해용이 안도의 한숨을 쉬었다.
"우와, 무료면 여기를 이용하면 되겠다."
"모두가 다 이용할 수 있는 것은 아니야. 대상은 너희 같은 학생을 포함해 기초 생활 수급자, 장애인, 국가 유공자 및 가족, 중소

기업 등 경제적으로 도움이 더 필요한 사람들로 제한됐어."
E 박사의 설명에 희망이와 친구들은 안도의 한숨을 내쉬었다.
"발명품 경진 대회의 지원을 노려볼까? 우승하면 무료 변리를 지원해 주는 곳이 있어. 이티의 발명 대회도 마찬가지고."
발명 대회의 결과를 기다리던 아이들은 멈칫했다. 희망이가 침묵을 깨고 말을 꺼냈다.
"오늘 결과가 나오는 날이야."
"우리 떨어졌을까?"
아이들 사이에 긴장감이 감돌았다. 결과를 확인하자고 선뜻 나서는 아이가 없었다.
"내가 할게."
희망이가 대표로 나섰다. 희망이가 홈페이지에 올라온 글을 천천히 읽었다.
"이티 발명품 경진 대회에서 우리 발명품이……."
모두 희망이의 뒷모습을 초조한 얼굴로 바라보았다. 뜸을 들이던 희망이가 이내 큰 소리로 외쳤다.
"애들아, 놀라지 마. 우리 발명품이 선정됐대!"
아이들은 환호성을 지르며 서로를 껴안았다.

시크릿 발명 노트를 선물받다

대회에서 수상한 이후 미소 동아리 친구들도 바쁜 나날을 보냈다. 그리고 미소 동아리는 수상 혜택으로 전문가의 지원을 받아 특허 출원까지 마쳤다. 이윽고 특허 출원 번호 통지서가 도착했다.

[발명가 : 희망, 안나, 안해용, 구세라, 궁구미]

희망이와 친구들은 자신들의 이름이 적힌 특허 출원 번호 통지서를 보물처럼 품에 안았다.
"우와, 우리가 발명가라니. 믿어지지가 않아."
아이들은 이구동성으로 외쳤다.
"아아, 얘들아. 너무 흥분하지 마라. 아직 끝난 게 아니야. 심사를 받고 특허 등록의 최종 결과가 나오기까지 시간이 필요해."

E 박사는 들뜬 아이들이 귀여운지 함박웃음을 지었다. 그때 저 멀리 희망이가 혼자 떨어져 있는 것이 보였다. E 박사가 희망이 곁으로 다가갔다.

"희망아 뭐 하고 있니?"

"자몽이가 위급할 때는 어떡하나 생각하고 있어요. 주인이 계속 화상 전화기를 볼 수 없으니까 기계가 자동으로 지켜보는 기능이 있으면 좋겠단 생각도 들고요."

"오, 기특해라. 발명품을 발전시키려 노력하고 있구나."

E 박사는 달라진 희망이의 모습에 놀랐다.

분명 희망이는 성장했다. 희망이는 특허에 만족하지 않았다. 한 걸음 더 나아가 더 좋은 발명품을 만들려는 진정한 발명가의 자세를 갖춰 가고 있었다.

"있잖아요, 박사님. 모든 가족이 믿고 쓸 수 있는 발명품을 만들고 싶어요. 그런 발명품이 돼야 다른 사람들에게도 행복을 나눠 줄 수 있을 것 같아요."

희망이가 진지한 얼굴로 말했다.

"희망이가 진짜 하고 싶은 발명을 찾았구나."

E 박사가 희망이를 기특한 눈으로 바라보는데, 순간 시크릿 발명 노트를 든 손이 뜨거워졌다. 그때 시크릿 발명 노트에 희망이의 얼굴이 떠올랐다. 시크릿 발명 노트가 희망이를 새 주인으로

선택한 것이다. E 박사는 탄성을 질렀다. 노트를 본 희망이의 눈도 동그래졌다.

"축하해! 약속대로 시크릿 발명 노트를 선물로 줄게."

"네?! 정말 저한테 주시는 거예요?"

희망이는 감격한 나머지 무슨 말을 해야 할지 몰랐다.

"드디어 시크릿 발명 노트가 새 주인을 찾았구나."

E 박사가 싱긋 웃으며 시크릿 발명 노트를 희망이에게 건넸다.
"이 노트가 마법을 부린다 해도 스스로 답을 알려 주지는 않는단다. 다만 창의적인 생각을 하도록 도울 뿐이야. 답을 얻는 것은 언제나 네 몫이라는 것을 기억하렴."
희망이는 고개를 끄덕이며 시크릿 발명 노트를 소중하게 받아 안았다. 시크릿 발명 노트를 받고 보니 세상이 달라 보였다. 희망이는 장애물에 걸려 넘어지는 시각 장애인 할머니, TV에서 가난과 질병으로 고통 받는 또래 친구들을 돕고 싶어졌다.

※

희망이는 더 이상 '왜'라는 질문이 어렵지 않다. '왜?'에 대한 답을 찾아가는 과정은 도전이며 모험이라는 것을 깨달았기 때문이다.
'모두를 행복하게 하는 발명품을 꼭 만들 거야!'
희망이는 시크릿 발명 노트에 자신의 발명 아이디어를 차근차근 적어 내려갔다.

부록

행복한 공학자의
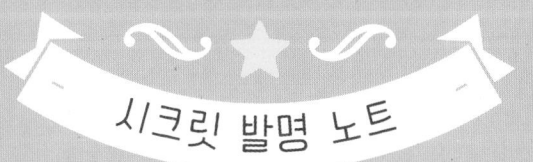
시크릿 발명 노트

부록 1

사회적 약자를 돕기 위해 발명하는 사람들을 소개합니다!

사회적 약자를 위한 따뜻한 기술을 고민하는 한국전자통신연구원(ETRI) 내의 연구 모임 구성원들의 이야기를 들어 보았습니다. 현재 이 모임은 25명이 활동을 하고 있어요. 정기적으로 모여서 장애인, 노약자, 개발도상국에서 가난하게 사는 사람들을 만나거나 자료를 조사해 문제점을 해결하기 위한 논의를 한 뒤 그에 필요한 기술을 개발하는 모임입니다.

이 책에 참여한 연구원 소개

이지수 연구원
지식이러닝연구그룹

오정열 선임연구원
광네트워크연구그룹

전서현 선임연구원
HMI 연구그룹

설진호 선임연구원
임베디드시스템연구그룹

그동안 이 모임에서 어떤 발명들을 진행했나요?

오정열 집에 방치된 반려견을 위한 화상 전화 발명을 했었고, 실종된 반려견을 찾기 위한 위치 추적 기술과 저개발 국가의 이동 전화 기술을 위한 세상에서 제일 저렴한 전화 기술 발명에도 참여했어요.

설진호 음료수 캔의 점자가 '음료'라고만 되어 있어 제품을 제대로 선택할 수 없다는 이야기를 듣고 이 문제를 해결하고 싶었어요. 먼저 제품의 바코드를 인식해서 음성으로 알려 주는 앱을 제작했습니다.

이지수 시각 장애인이 점자만을 이용해 수학 교과서의 3차원의 구조체를 학습하는 것이 힘들다는 것을 듣고, 3D 프린터를 이용하여 3차원 구조체를 만들어서 학생들의 학습 도구로 맹학교에 제공하였습니다.

세상을 가장 이롭게 한 발명품이 있다면 뭐라고 생각하시나요?

전서현 증기 기관이요. 증기 기관에서 엔진이 발전하여 자동차가 개발되면서 물리적으로 먼 거리를 가깝게 해 주었잖아요. 다시 고대로 돌아간다면, 자동차가 없다는 게 가장 아쉬울 것 같아요.

오정열   요하네스 구텐베르크의 금속인쇄술이라고 생각해요. 구텐베르크의 인쇄술은 가톨릭의 횡포에 대항했던 마틴 루터의 95개조의 반박문을 보급하는 데 크게 기여하고, 종교 개혁의 불씨를 지폈잖아요. 또한 그의 발명으로 인해 선조의 기술력이 인쇄물의 대량 생산을 통해 후손에 전해져 르네상스와 산업혁명의 밑거름이 되었으니 이만 하면 세상을 이롭게 한 발명품이죠?

이지수   전기의 발명이 아닐까요? 전기로 인하여 사람이 할 수 없는 큰 힘을 내는 일, 빨리 움직이는 일, 주변을 따뜻하거나 시원하게 조절하는 일, 주변을 밝게 하는 일 등 다양한 일들이 가능하게 되었죠. 덕분에 전자 제품들이 발명되어 사람들은 힘든 노동을 하지 않아도 보다 편하고 행복하게 지낼 수 있게 되었다고 생각합니다.

어릴 적 어떤 어린이였나요? 그때에도 발명가나 공학자가 되고 싶었나요?

오정열   초등학교 때엔 발명가가 꿈이었습니다. 손톱이 튀지 않는 손톱깎이, 짜기 편한 물감 통, 물로 가는 자동차 등 많은 것을 발명하려고 했었어요. 그러나 그러한 발명을 실현하기에는 너무 장벽이 많았죠. 그때 생각했던 아이디어들이 지금 실용화되어 제품으로 나오는 것을 보면 그때 좀 더 파고들지 못했던 점이 아쉬울 때가 있습니다.

설진호   꿈을 쓰면 항상 과학자라고 썼던 기억이 납니다. 특히나 컴퓨터를 좋아해서 하루 종일 가지고 놀았습니다. 초등학교 때 선생님이 해결하지 못한 문제를 프로그램을 짜서 해결을 한 뒤에 성취감을 많이 느끼고 컴퓨터 프로그래머가 되어야겠다고 생각을 했습니다.

이지수   새로 나오는 전자 제품에 열광하던 아이였습니다. 공중 화장실의 더러운 수도꼭지를 보고 손을 대면 자동으로 물이 나오는 수도꼭지, 자동차의 사이드 미러가 고장 난 친구 아버지의 차를 보고, 옆으로 튀어나온 거울이 아닌 카메라를 달면 좋겠다는 생각을 했는데, 막상 어떻게 실현시켜야 될지는 잘 몰랐습니다. 제가 생각했던 아이디어는 모두 전자 공학의 지식이 필요한 것이어서 대학교 전공을 전자 공학을 선택하게 되었어요.

전서현 어떤 '장치' 만들기를 좋아하는 아이였습니다. 영화 〈인디애나 존스〉를 보면 고대에 물리법칙을 이용해서 어떤 장치를 만들어 놓았는데, 주인공이 열쇠로 열면 그 장치의 조합이 맞아 떨어지면서 비밀의 문이 열리고 지하 공간에 환하게 빛이 들어오는 장면이 인상 깊었어요. 침대에 누웠을 때 방문 닫으러 가는 것이 귀찮아서 문과 침대의 기둥 사이에 끈을 연결해서 침대에 누운 채로 줄을 당기면 문이 열리고 닫히게 했던 것이 생각납니다.

발명가 또는 공학자가 되고 싶은 어린이들에게 하고 싶은 말이 있다면요?

설진호 다른 사람보다 더 좋고 훌륭한 것을 만들 필요는 없습니다. 대신, 어제의 나보다는 더 나은 것을 만들려고 노력해 보세요. 꾸준히 노력하면 어느새 최고가 되어 있는 자신을 발견하게 될 것입니다.

이지수 당장 돈을 많이 벌거나, 유명해지기보다는 도움을 필요로 하는 사람들을 돌아볼 줄 아는 따뜻한 마음을 가진 발명가 또는 공학자가 되었으면 좋겠습니다.

전서현 엔지니어가 되려면 지식을 습득하는 것에서 끝나는 것이 아니라 생각나는 것을 직접 만들어 봤으면 좋겠어요. 아이디어가 실제의 제품으로 만들어져야 비로소 사회에 파급 효과가 생기는 것이니까요. 그리고 내가 아는 것의 실체를 더 파헤쳐 보려는 노력을 했으면 좋겠어요. 세상에 존재하는 것들 속에 숨어 있는 본질에 관한 궁금증을 가진다면, 그 답을 찾아가는 길은 끝이 없더라고요.

오정열 지구는 인간만이 사는 곳이 아니지요. 그런데도 모든 과학 문명은 인류를 중심으로 발전하였습니다. 사람들의 이기심으로 인해 자연환경이 파괴되고 많은 동식물들이 고통받고 있습니다. 자연환경을 보전하여 지구의 수많은 구성원들이 인류와 함께 삶을 영위하는 것은 인류문명이 발전하는 것보다 더 중요할 것입니다. 이 일에 가장 책임이 있는 존재가 누구일까요? 바로 발명가를 꿈꾸는 여러분입니다. 여러분은 파괴되는 지구를 지켜 낼 수 있을 것입니다. 그들을 지킬 수 있는 소중한 발명을 해내시길 기원합니다.

발명왕들의 비밀을 훔친 방법, 트리즈(TRIZ) 소개

트리즈는 러시아의 겐리히 알츠슐러가 만들었어요. 그는 수백 만 건의 특허를 분석하면서 발명에 공통적으로 나타난 특징을 발견했어요. 그리고 그는 이를 창의적으로 문제를 해결하는 40가지 방법들로 정리했어요. 이 책에서도 '숨은 발명 아이디어를 찾아라'편을 포함해 곳곳에 트리즈 발명 원리가 소개되었답니다. 발명을 할 때 풀리지 않는 문제가 있다면 트리즈를 배워 고민 해결에 도움을 받으세요.

1	나누기	21	빠르게 처리하기
2	필요한 것만 뽑기	22	나쁜 것을 좋은 것으로 만들기
3	전체에서 일부를 다르게 하기	23	피드백을 이용하기
4	비대칭을 이용하기	24	매개체를 이용하기
5	합치기	25	스스로 하게 만들기
6	다용도로 쓰기	26	복제하기
7	포개기	27	한 번 쓰고 버리기
8	무게를 맞추기	28	기계 시스템을 감각을 이용하도록 바꾸기
9	미리 반대 방법을 준비해 놓기	29	공기나 유압을 사용하기
10	미리 준비해 놓기	30	얇은 막을 이용하기
11	미리 예방하기	31	구멍이 뚫린 물질 이용하기
12	높이 맞추기	32	색깔을 바꾸기
13	반대로 하기	33	똑같은 것을 이용하기
14	원형으로 만들기	34	버리거나 재활용하기
15	움직이게 하기	35	물질의 속성을 바꾸기
16	지나치게 하거나 부족하게 하기	36	상태를 바꾸기
17	차원을 변경하기	37	열팽창을 이용하기
18	진동을 이용하기	38	활성화시키기
19	주기적으로 작용시키기	39	활성화시키지 않기
20	유익한 작용을 지속시키기	40	복합해서 쓰기

1. 참고 문헌 및 자료

《그림으로 재미있게 이해하는 발명 속 IT교과서》, 노회현, 최장식, 신한철, 정해임 저, 전자신문사

《창의와 혁신의 시크릿 트리즈》, 김은경 저, 한빛아카데미

《발명품 대회 도전하기》, 김영산, 양성우 저, 북스토리아이

《그들이 말하지 않은 23가지 》, 장하준 교수 저, 부키

《적정기술 8권 1호》, 곽유미, 한밭대학교 적정기술연구소 2016.1

한국컴퓨터선교회 http://kcm.kr/dic_view.php?nid=40184

조선뉴스프레스 http://pub.chosun.com/client/news/viw.asp?cate=C03&mcate=m1005&nNewsNumb=20150517361&nidx=17283

2. 사진 저작권 출처 표시

휴대용 정화 필터 직접 촬영

큐드럼 Alison Thomet for Q Drum (Pty) Ltd

스월 www.designaffairs.com.(the Swirl came out of the designaffairs studio)

치치 www.facebook.com/chichirescuedog/?fref=ts

기타 전용 의수 storyfunding.daum.net/episode/10466

플레이펌프 www.playpumps.co.za